仕事の『しんどい』が
スーーッとほぐれる！

先生のための

# がんばりすぎない技術

江越 喜代竹 著
KIYOTAKE EGOSHI

学陽書房

# はじめに

「子どもたちのために、もっとがんばろう！」「自分自身がもっともっと成長すれば、子どもも職場ももっとよくなる！」「もっとがんばって、スキルアップしなきゃ！」。

これまでに出会った多くの先生方は、こうした前向きな気持ちをもつ方々ばかりです。そして、そんな素晴らしい先生方に支えられ、今の学校教育は成り立っています。

しかし現状を見てみると、毎年多くの先生方が心身の不調により、休職を余儀なくされたり、退職されたりしています。また、学習指導要領の改訂やこの度の新型コロナウイルス感染症への対応により、学校、そして、教師に課せられた使命はますます大きく、重くなっていくばかりです。

「子どもたちのために」——教職に就いていると、何度も耳にする言葉。もちろん本音ではありますが、同時にこの言葉が胸の奥に重くのしかかっている先生も少なくないのではないでしょうか。自分の時間もろくにとれず、保護者対応や教材研究、評価や校務分掌の仕事に追われる日々。だんだんと朝起きるのがつらくなり、思うように授業もできず、仕事は積み重なる。「自分がまだまだ未熟だからだ。もっとがんばらなきゃ」と、まじめで熱心な先生ほど気付かないうちに自分を苦しめてしまってはいないでしょうか。

僕自身、そうした経験がありました。教職に就く前、会社員として働いている時。幸運にも採用を決めてくださった会社に、未熟ながら貢献しようと全力でがんばっていました。「弱音を言ってはいけない」「自分が未熟だからいけない」「もっともっとがんばらなければいけない」と始発で出勤し、深夜まで残業する日々。いつも「何かミスをしているのではないか」という考えが頭をよぎり、休日も気が休まることはありませんでした。

そんなある日、会社に向かうことができなくなってしまったのです。体はいつも重たく、何を食べても同じような味しかしませんでした。「このままではまずい」と思って病院を受診。数か月休職した後に退職しました。退職後の数か月は自宅でほとんど動けなくなり、暗く、重たい日々を過ごしていました。

だからこそ、はっきりと言えます。「自分」を犠牲にした先に幸せはない、と。体調が回復し、教職に就いてからは、あえて自分のための時間をつくり、心身のバランスに気を付けながら仕事をするようにしています。

今、教壇に立ってから10年が経とうとしています。もちろん、順風満帆の日ばかりではありませんでした。夜も眠れないほど落ち込んだり、遅くまでトラブル対応に当たったりしたこともありました。そんな中でも、ここまで続けてくることができたのは、何よりもまずは「自分自身」を大事にして、「がんばりすぎない」ことに気を付けながら働いてきたからだと思います。

すでに十分にがんばっている先生方。もうそれ以上、がんばる必要はありません。がんばって、がんばって、がんばりすぎて余裕のない状態から抜け出してみませんか。はじめはそう意識することに違和感があるかもしれません。それでも、少しずつでいいので、続けてみてください。1日30分、自分の時間を生み出すだけ。それだけで、心身に余裕が出てきます。

本書では、毎日がんばっている先生方が、「自分のため」に30分を生み出すヒントと、その30分を活用しながら心も体も元気でいるための具体的な方法を紹介します。がんばらなくていい。少しずつでいい。「自分自身」を大事にする新しい生き方をともに見つけていきましょう。

Chapter 1

# 「先生」という役割を置いてクールダウンするワーク

## Chapter 2

# 生活の中に取り込める自分をラクにする方法

Chapter 3

# 放課後の時間を30分増やす方法

Conclusions

# 「先生」という仕事でよりよい社会へ

Introduction

# 先生、がんばりすぎていませんか？

# 1

# 「がんばる」ことは、本当にいいことなのか？

## ●「がんばる」ことに慣れすぎている教師たち

「もっとがんばって、いい授業をしよう！」「○○君、ここをもう少しがんばるといいよ」……。学校にいると、1日1回は「がんばる」という言葉を耳にします。

なにげなく使っている「がんばる」という言葉、実際は、どういう意味でしょうか。

辞書などには、「困難に耐えて努力する。」（『大辞林　第三版』より）などの意味が掲載されています。確かに、努力することで成長することもあるのですが……果たして、「困難に耐えて」までも努力しないといけないのでしょうか。

## ●「がんばる」という気持ちの根っこには

「がんばろう」と思う時は、どんな時でしょうか。僕自身は、「がんばる」という言葉の根っこには、「今のままではダメだから、努力しないといけない」という気持ちが隠れているように感じます。

心の仕組みに、「より強く意識したものが強化される」というものがあります。「まだ足りないからがんばろう！」と思う時、自分の中の「足りない」部分が強く意識され、いくらがんばっても「足りない」という出来事が起こり続けるのです。

## ●もうすでに「十分にがんばっている」

学校の先生たちは、もう十分に「がんばって」いらっしゃるのではないでしょうか。子どもたちや保護者とのトラブル対応、感染症への対応や登下校の見守り、さまざまな校務分掌の仕事など多岐にわたる職務……。

先生たちは十分すぎるほどがんばっています。それなのに、「もっともっとがんばろう」としてしまう。がんばりすぎてしまうことが、毎年多くの休職・退職者につながる一因ではないでしょうか。先生方が気付いていないだけで、心も体も悲鳴を上げているかもしれません。もう、がんばりすぎなくていいのです。

# 2

# 「他人のために」で体調を崩した

## ●「みなさんの役に立たなければ」という一心で

就職難と言われていた頃、僕は幸運にもある大手企業で新社会人生活をスタートさせました。「先輩方の足を引っぱらないようにがんばらなければ」と、毎日、はじめてのことを必死になってこなしていました。それでもミスの連発。先輩や同期には迷惑をかけてばかり。何をやっても遅く、「もっと速く、もっとがんばらねば」といつも自分を鼓舞していました。自分の仕事は後回し。先輩や上司に言われた業務が最優先。気が付くと自分の仕事が始められるのは、終業時刻の1時間前……などという日々が続きました。

しだいに「自分の仕事」が終わらず、すべての仕事が回らなくなり始めます。「自分の仕事が遅いからいけないんだ」と始発電車で出勤し、深夜に帰宅。そんな生活が当たり前になっていきました。当然、仕事の質は落ち、些細なミスを繰り返しました。何度も先輩や上司から注意を受けました。休日も仕事のことが頭から離れず、「昨日やったあの仕事をミスしていないだろうか」と心休まらない日々。携帯に着信があるたびに、冷や汗をかくような生活が続きました。気付かないうちに、心身がどんどん疲弊していったのです。

## ●「もう限界だ」と悲鳴を上げた

そんな日が続いた時、思い悩んで父に電話をかけました。社会人の先輩として、何かいいヒントをもらおうと思ったのです。「仕事が苦しくて……」と話を始めると、涙が止まりませんでした。「無理しないで（地元に）帰ってきてもいいぞ」という温かい言葉をもらいましたが、素直に受け取ることができません。そうしてある日、自転車に乗りながら、ふと「この道を行けるところまで進んでいけば、会社に行かなくてすむかもしれない」と思い、自宅と反対の方向へと自転車をこぎ出したのです。直後に我に返り、帰宅。翌日はなんとか仕事に行くことができました。

ちょうどこの頃から、食生活も乱れていきました。もともと料理は得意でしたが、疲労困憊で自炊する気にもなれず、メニューを考えることすら億劫になっていました。毎日朝晩は駅前のコンビニで決まったおにぎりと飲み物。ランチは会社近くの決まったレストランでお決まりのメニュー。ある時から、何を食べても味がしなくなっていました。仕事が終わらないストレス、先輩や上司への気遣い、慣れない土地での一人暮らしに電車通勤、たくさんの人に揉まれながらの生活……。何より、際限なく頭の中で繰り返される「自分はダメなんだ」という自己否定の言葉。さまざまな要因が重なり、心身は限界にきていました。

## ●退職、ニート生活から教職へ

心身ともに限界がきていた頃、以前お世話になった方に思いきって相談したのです。すると、「自分が、今、本当にやりたいことをやったら?」と背中を押してくれました。翌日、心療内科に行き、「うつ状態と味覚障害」という診断書をもらったことで会社を休職。何度か人事の方と面談をした結果、退職しました。その後、すぐには何もできず、自宅で過ごす日々が続きました。読書をしても内容が頭に入らず、テレビを見ても頭が痛くなるばかり。仕事もできず、ただただ、ぼーっとする日々。まさに「ニート」と呼ばれる状態でした。

二か月ほど経つと、ようやく外出できるようになり、友人に会ったり、ちょっとしたイベントに参加したりして、少しずつエネルギーが湧いてきました。派遣のアルバイトをしたり、訪問販売のアルバイトをしたりしている頃、知人に「教員免許を持っているんだから、先生をやったらいいじゃないか」と声をかけられ、講師として教壇に立つことになりました。

「自分が教職に就いていいものか……」と思いながらも始めた仕事。子どもたちと過ごす毎日は楽しく、充実感を味わうことができました。もちろん、会社員の仕事とはまったく異なり、わからないことだらけで悩むこともたくさんありました。それでも、先輩や同僚に助けてもらいながらなんとか乗り越えていくことができました。

「自分に無理をさせてはいけない」「決して無理をしない」……この経験から、そう誓ったのです。

# 3

# 「まずは自分のことをやれよ」

## 「バリアフリーダイビング」での出来事

学生時代から、僕はさまざまなボランティア活動に参加していました。その中でも継続して参加させてもらっているのが、「バリアフリーダイビング」でのボランティア活動です。身体に障がいのある方々のスキューバダイビングをお手伝いするのですが、毎年夏には各地で大きなイベントが行われ、よく参加させてもらいました。

このボランティアをはじめてお手伝いさせてもらった時、バディ（ペア）になったゲストさん（参加者）のためにと、とにかくできることやっていました。2メートルほど下に停まった船に車椅子ごとゲストさんを下ろしたり、器材の装着をお手伝いしたり……。無我夢中で取り組みました。

何よりもゲストさんに「楽しんでほしい！　喜んでほしい！」という一心で、自分の準備もそこそこに、がむしゃらにお手伝いしていたのです。

## ●「相手のため」ばかりでは活動できない

ある日、ゲストさんの準備を終えた時、インストラクターの一人から、「一緒に海に入って！」と声がかかりました。僕は、海に入る準備なんてほとんどできていない状態で、「待っててください!!」と慌てる始末。焦ってしまっていつものようにいかず、時間がかかるばかりでした。その時は、なんとか海には入れましたが、上がってゲストさんの器材を片付けようとした時、「まずは自分のことをやれよ」と、インストラクターが優しく、しかし強くきっぱりと言ってくれたのです。

その瞬間、「相手のため」とはいえ、自分を置き去りにしていいのか。そして、それは本当に「相手のため」になるのかという、自分への問いかけが頭の中で起こりました。

ダイビングは一歩間違えば命の危険もあるスポーツです。自分が万全の状態ではないのに、相手をサポートするなんてできるわけないということに、ハッと気付かされたのです。この一言があってから、僕自身の活動すべてについて、自分の生活の仕方、そして、教室での自分の指導の仕方まで考え直すようになりました。

# 4

# シャンパンタワーの法則

## ●「誰かのため」が行きすぎると

教職に就いてしばらく経った頃、たまたま参加したセミナーの中で、次のような話を聞く機会がありました。それは、「シャンパンタワーの法則」というもの。普段から学校の先生たちは、他者を優先してしまう傾向があります。「他人のために」と思うと潜在的な力が引き出せるということは、子どもたちへの指導でもよく行われます。しかし、それが行きすぎていないかという話です。

「誰かのため」という気持ちは、もちろん素晴らしいことです。しかし、それが行きすぎてしまった時に、果たして誰が幸せなのか、という問いをいただきました。

## シャンパンタワーの頂上は「自分自身」

「誰かのために」が行きすぎる状態を、シャンパンタワーの図を用いて説明してくださいました。人間関係のシャンパンタワーで、一番上にあるのはなんと「自分自身」だというのです。一番上に自分があり、その下に家族や身近な人、さらにその下が子どもたちや職場の人。このタワーで「子どもたちや職場」のところにシャンパンをそそいでいくと、満たされるのは下のほうの人たちだけ。シャンパンタワーをすべて満たすには、一番上にある「自分自身」を満たすことが必要なのです。

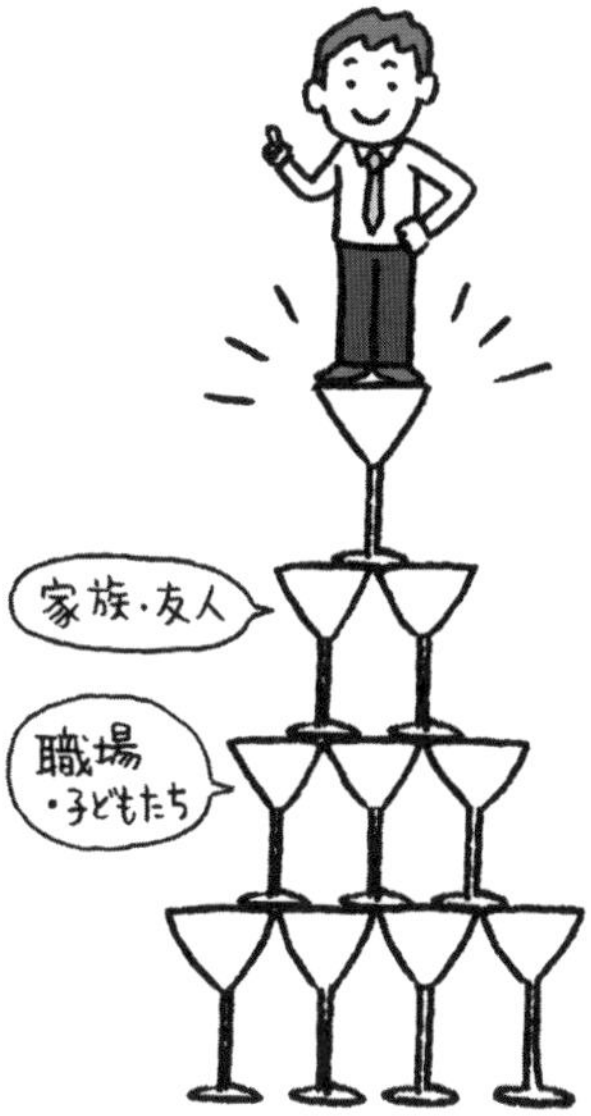

## ●自分自身を満たすことで誰もが幸せになれる

一番上にある「自分自身」が満たされ、あふれていくと、下の段にある家族や身近な人、さらには子どもたちや職場の人のグラスも満たされていくことになります。つまり、自分自身が満たされ、幸せな状態であれば、自分とかかわる人たちがみな幸せになっていくのです。「自分を満たす」というと、「わがまま」な気がして抵抗があるかもしれません。ですが、ただでさえ「他人のために」とがんばりすぎている先生。もう少し、「わがまま」になってもいいのではないでしょうか。

# 5

# 自分の限界を超えてまで「がんばる」必要はない

## ●「がんばってはいけない」のか？

「がんばらなくていい」ということをお話ししましたが、もちろん「がんばる」ことのすべてを否定するわけではありません。本書だけですべてを伝えるのは難しいのですが、僕自身が伝えたいことは、自分の心身に過度な負担をかけてまで「がんばる」必要はないということです。

体調を崩して以来、「がんばる」ことに対して過敏になっていますが、それでもどうしても「がんばって」しまうことも、もちろんあります。ただ、その時に、「このがんばりは、本当に必要なことなのか？」と、必ず自分自身に問いかけるようにしています。

## ●「楽しい」と「がんばる」感覚がなくなる

僕自身、自分のクラスや授業を、できるだけいろいろな人に見てもらいたいと思っています。それは、授業や学級経営に自信があるからではなく、いろいろな人の目で見てもらうほうが、自分自身にも、子どもたちにとってもいい影響があると考えているからです。授業中に教室に入っていただいて、「がんばっているね～」と子どもたちに声をかけてもらう。僕が見取れていない部分を、見てもらう方々から教えてもらうこともできる。そうすると、子どもたちにも、僕自身にもいい影響が出てきます。

また、「学んでいること」「成長しようとしていること」を伝えるために、自分自身でテーマを設定して指導案を書き、さながら授業研究会のようにして授業を見てもらうことを行っています。「自分の時間を確保する」と言いながら、真逆のことをしているように見えるかもしれません。しかし、自分でテーマを決めて指導案の書き方を調べ、実践事例を参考に指導案を書いている時間はこの上なく楽しい時間なのです。実践する時には、指導案を書きたい、調べたいがために、しっかりと準備の時間を確保するようにしています。

指導案や授業を見てくださる先生方からは、「すごくがんばっていますね」などと声をかけてもらうこともありますが、僕自身に「がんばっている」感覚はありません。ただただ楽しいのです。すべての業務が「楽しい」という感覚になることが理想ですが、なかなか難しい部分も多いのが現実です。自分のエネルギーを発揮させたいところに全力をそそぐためにも、必要のない「がんばり」はやめていこうと冷静に見極めていくようにしています。

## 人は急に変われない

だからと言って、それまでのやり方を急に変えることは難しいものです。これまでに培ってきた仕事習慣やリズムがあり、すべてを一気に変革していくことなどなかなかできるものではありません。それでも、「がんばらないように、がんばろう！」となってほしくはありません。自分自身の働き方、生き方をもう一度見つめ、限られた人生の時間の使い方を少しだけ見つめていく。そして、できることから、小さな一歩を踏み出してみる。うまくいけば続いていきますし、うまくいかなければ止めればいい。ぜひ、自分の感覚を大事にしてください。

# 6

# どうせなら「楽しく」乗り越えよう

## ●「楽しもう！」と決めると見方が変わる

学生時代、キャンプボランティアとして活動していた時のこと、どこに行っても「とにかく楽しもう！」をテーマに活動がスタートしていきました。「楽しもうって言うけれど、本当にそんなことができるのかな？」とはじめは半信半疑に思っていた僕自身。

しかし、活動していくうちに、「楽しもう！」という言葉の真意がわかるようになっていきました。

野外炊飯でご飯を焦がしてしまった時です。僕は「失敗した〜」とただただどんよりと落ち込むばかりでしたが、横で見ていた仲間が、なんと「キャンプらしいねえ！」と笑顔で声をかけてくれたのです。

その一言で「確かにキャンプの醍醐味かも！」と思えて、とたんに明るい気持ちになっていきました。

「楽しもう！」と決めることで、物事の良い面を捉えられるようになり、多少の失敗も笑い飛ばして「みんなで乗り越えよう！」という雰囲気がどんどん生まれていきました。

## 「大人になるって楽しそう！」という背中を見せる

キャンプボランティアとして経験したことは、教職に就いた今でも生きています。

とにかく、自分自身が楽しむ姿を見せること。子どもたちのちょっとした失敗でも一緒に笑い飛ばして乗り越えたり、難しい課題も一緒にチャレンジしたりすることができます。

子どもたちは、1日の大半は「先生」という大人と一緒に過ごすことになります。だからこそ、身近な大人の一人として「大人になるって楽しそう！」ということを少しでも伝えたいと思っています。子どもたちの見ている世界を少しでも広げ、前向きに取り組む気持ちを育てたい。僕一人では無理なことも、子どもたちと一緒にならら笑って乗り越えられる。

忙しい毎日ではありますが、心に余裕をもち、常に自分がベストの状態でいられることを心がけています。

# Chapter 1

# 「先生」という役割を置いてクールダウンするワーク

# 1

# 自分の大切にしたいこととは？

## ●「先生として」ではなく「自分自身として」の人生を

憧れの「先生」という職に就き、これまでずっと身を粉にしてがんばってきたあなた。「24時間、教育公務員としての自覚を」という言葉通り、さまざまなことに懸命に取り組まれてきたことと思います。先生方の高い志が、教育の質を高め、多くの子どもたちを笑顔にしてきたことでしょう。しかし、どこかで「自分自身」を置き去りにしてしまってはいないでしょうか。

誰よりも大切な、「自分自身」の声に、耳を傾けてみてください。

## ●普段は意識していない自分と出会う

椅子にゆったりと腰掛け、リラックスしてみましょう。椅子がない場合は、腰骨を立てるようにして座ります。

その姿勢で、息をゆっくりと吐き、大きく深呼吸をします。鼻から息を吸い込み、吸い込んだ息を丹田（おへその下から指3～4本分あたり）まで届けるイメージで、深く大きな深呼吸をしてみましょう。息は鼻から、大きく、長く吐き出していきます。

瞑想をするようなイメージです。ゆっくり、長く呼吸していくことで、頭の中が静まり、だんだんと心が落ち着いていきます。

心も体もリラックスしてきたら、そっと自分に「一番大切にしたいことは何?」と問いかけてみましょう。思いついたことを、否定せずにどんどん書き出していきます。「こんなことまで?」と思うようなことも、どんどん書き出してみましょう。自分の大切にしたいことが少しずつ具体的に表れてくるはずです。もしかしたら、普段は見ないふりをしていたものが、見えてくるかもしれません。どんな言葉も、大切な自分の一部です。見つかったこと、気が付けたことを祝福してくださいね。

一番大切にしたいことは何?

## ●「先生」という役割を置いてみよう

いかがでしたか。どんな言葉が浮かんできましたか。普段、忙しい毎日に追われてなかなか「自分自身」を見つめる時間がもてていなかった方も多いかもしれません。

僕たち教師は、仕事柄、常に「先生」であることを求められています。言い方を変えれば、教師としての仮面をつけ続けることを求められています。仮面の下にいる自分は、笑っていたでしょうか。大切にしたいことを、大切にできていたでしょうか。

誰もが、教師である以前に、この世に二人といないかけがえのない存在です。時には、「先生」という仮面を外し、自分自身の声を聴く時間をとってみましょう。

自分の中心に戻ることで、本当に大切にしたいこと、やりたいことが見えてきます。

2

# 自分の夢をリストアップしてみよう

## ●「すべきこと」ばかりに追われていると

日々、朝から夕方まで休みなく働いていると、どうしても視野が狭くなりがちです。授業中のなにげない子どもの様子が気になったり、授業で思ったように伝わっていなくて落ち込んだりと、ふさぎ込むことも多くなってきます。こういう状態になると、目の前のことを決して疎かにするわけではなくとも、なんだかうまくいかないものです。悩んで、もがいて、堂々巡りばかり。

時には、目の前のことから離れ、意識的に視野を広くもつようにしてみましょう。

## ●「夢100個」をとにかく書き出してみる

今の自分の状態を知るためのワークの一つとして、「夢を100個書き出してみる」

というものがあります。10個や20個ではなく、ハードルが高そうに思えるかもしれませんが、100個です。

少し時間をとって、ノートなどに書き出してみましょう。大きな夢から小さな夢まで、どんな夢でもかまいません。「いい」「悪い」などの判断をせずに、とにかくどんどん書き出してみます。どうしても思いつかないという方は、インターネットで「夢100個」などと検索してみるのもいいでしょう。他の人が書いたことが参考になることもあります。

**夢100個書き出してみる**

## ●書いた夢をもう一度眺めてみると

思いつくものをすべて書き出したら、その夢リストを読み返してみましょう。

どんな発見がありましたか。「自分自身」に関する項目はいくつぐらいあったでしょうか。

教師である僕たちは、どうしても自分自身を置き去りにして、「子どものために」「学校のために」という思考に陥りがちです。気が付かないうちに、自分自身の心の声に耳をふさいでいたこともあるかもしれません。

もし、すぐにかなえられそうな夢があれば、少しでも実現してみましょう。自分の人生の主導権を、自分自身に取り戻していくのです。

## ●夢は書き出しただけでも実現に向かって動き出す

このワークはあくまでも、「今の自分の状態を知る」ためのものです。しかし、書き出したことがきっかけで夢がかなう、ということも実際に起こっていきます。

僕自身、学生時代に取り組んだこのワークで書いたことが、10年以上経ってかなっていることに気付かされました。

今、あなたが抱いている夢に対して、どうしていいのかわからない時は、書き出してみたり、信頼できる仲間に話したりしてみるといいかもしれません。自分の中から発し、意識を向けるだけで、動き出していきます。

自分の夢、そして、自分自身を、大事にしてあげてください。

# 3

# 「理想の自分・理想の1日」を思い描こう

## ●「すべてがうまくいった状態」をイメージしてみる

今、自分の理想とする生活がどのくらい送れているでしょうか。毎日が予想外の出来事の連続で、なかなか理想とする生活が送れていないかもしれません。日々、目の前の出来事を乗り越えるだけで精いっぱいの方もいることでしょう。

そんな時こそ、少し時間をとって、「自分のかなえたい夢や想いがすべて実現できた理想の自分」を思い描いてみましょう。

## ●感情を追体験できるぐらいリアルに

自分の夢を具体的に書き出してみて、今まで気付かなかった自分の一面や、忘れかけていた自分の夢に気付いた方もいるかもしれません。「もし、そのすべてがかなったら？」と想像し、実現できた時にどんな状態かを思い浮かべてみましょう。

コツは、「今、実際にすべてがかなったかのようにリアルに」思い浮かべてみること。

喜び、感動、嬉しさ、希望、達成感……などを、実際に起こっているように感じてみてください。リアルに感じ切ることが、自分の理想を実現するための第一歩です。

夢をかなえた理想の自分

## ●「理想の自分」で過ごす1日は、どんな1日？

さらに踏み込んで、「理想の自分」として過ごす1日はどんな1日なのか、具体的にイメージして、書き出してみましょう。

「朝、目覚めるのはどんな部屋？」「着ている服はどんな服？」「起きるのは何時頃？」「朝食は何を食べる？」「どんな気持ちで仕事に向かう？」「仕事中はどんな気持ちで仕事をしている？」「トラブルが起こった時、どんな対処をする？」「仕事を終えてからは、どんなことをして過ごす？」……など、小説を書くように、具体的に書き出してみます。自分の理想の生活を一つずつ丁寧にイメージしてみましょう。

理想の1日の過ごし方

## 具体的にイメージすることが実現への近道

理想の1日を書き出してみて、いかがでしたか。書いているうちに、前向きなエネルギーが湧いてくる感じはありましたか。

未来の自分に希望がもてると、自然とわくわくしてくるものです。夢を実現するためには、できるだけ具体的にイメージすることが近道だと言われています。今はまだ夢にすぎなくても、気が付くと実現していることもあります。忙しい日々に追われながらも、焦らずに、自分の目指す方向を見失わないようにしましょう。必ず前へ進んでいくことができます。

もちろん理想の1日を書き出したからといって、すぐに実現することは難しいかもしれません。だからといって、できない自分を責める必要などはまったくないのです。できていない自分も全肯定していきましょう。「大丈夫、きっとうまくいくよ」と優しく自分に声をかけてあげてください。そんな日々も、確実に「理想の1日」に近づいていています。

# 4

# なぜ、「がんばろう！」としてしまうのか

## 「がんばる≒無理をする」という思い込み

学校教育の世界において、「がんばる」という言葉がさまざまな場面で使われています。僕たち教師も、「がんばる」ことを美徳だとどこかで思い込んでしまっていないでしょうか。「がんばる」とは、いつも以上に時間をかけることであったり、繰り返し取り組むことであったりと、心身に「負荷をかける」ことのように捉えられています。

負荷をかけ続け、無理をし続ける必要は、本当にあるのでしょうか。

## 自分の「がんばり」をふり返ってみる

なぜ、「がんばろう」という言葉がこんなにも使われているのでしょうか。もしか

したら、多くの教師たちが、これまでの経験の中で、「がんばって（≒少し無理をして）克服してきた」ことによる成功体験をもっているからかもしれません。教員採用選考試験に向けて、年に一度の研究授業に向けてなど、数え上げればキリがないはず。

ではなぜ、そこまでして「がんばろう」としてしまうのでしょう。少し立ち止まって、書き出してみましょう。いきなり「なぜ」を考えるのが難しければ、「いつ」「どんな場面で」がんばってきたのかを考えてみてください。

自分ががんばってきたこと

## がんばらなかったら……？

これまで自分ががんばってきた場面をふり返って、どんなことを感じたでしょうか。もし、その場面でがんばらなかったら、今頃どうなっていたでしょうか。もしかすると、違う人生を歩んでいたかもしれません。そのために、今も自然と「がんばる」ことが身についているのかもしれません。さらに踏み込んで考えてみると、その「がんばり」は苦痛でしたか。もう二度と同じことを繰り返したくないと思いますか。

必要ながんばりだったと肯定する人もいるでしょうが、もう二度とやりたくないと思うならば、それほどのことを、なぜそこまでしてがんばったのでしょうか。

## がんばる≠自己否定

がんばることのすべてを否定するわけではありませんが、僕自身、無理をして「がんばっている」時は、自分の「足りない部分」を克服しようとする時が多かったように思います。学生時代、数学が苦手だった僕は、数学にかなりの勉強時間を費やしました。しかし、結果はいつも惨憺たるものでした。

どうしてもまじめな人は、足りない部分をなくそうという思考が働きがちです。「こんなこともできない今の自分では、ダメなんだ！」という自己否定の気持ちがどこかにあるのかもしれません。

「人は長所で尊敬され、短所で愛される」という言葉があります。自分が短所だと思っているところも、かけがえのない自分の魅力。「がんばって」修正しなければと意気込むよりも、自分自身の魅力として受け入れてみることも大切です。

できない自分にも丸をあげる。できない自分を認めてあげる。そうすることで、心は穏やかになっていきます。

5

# 「先生として」がんばってきた中で得たもの

## ●これまでの教師人生をふり返って

「がんばる」ことの功罪について述べてきましたが、ここではより「先生として」のがんばりに焦点を当てて考えてみましょう。

今、本書を手に取ってくださっている先生方は、これまでの教師人生を見つめ直そうとしている方が多いと思います。先生方のこれまでの教師生活の中で、何を「がんばって」きたのか、ぜひここで、ふり返ってみてください。

ここでいう「がんばる」とは「自分の短所を克服しようとしたこと」や「無理をしてまで取り組んできたこと」です。一生懸命、教師として子どもたちのために、学校のために、そして、自分自身のために時間とエネルギーを費やしてきたあなた。その惜しみない努力に心から敬意を表します。これまでのがんばりの中で得たものは何でしょうか。できるだけ具体的に書き出してみましょう。

**これまでのがんばりで得たものは？**

## ● 自分自身が「得たもの」に感謝を

いかがだったでしょうか。これまでに努力して、がんばってきた中で得たものは、あなたのかけがえのない財産になっているはずです。

これまでがんばってきたあなた自身と、身につけてきた財産に感謝してみましょう。お祈りをするように、感謝の意をこれまでの自分自身に届けることを心の中でイメージしてください。あなたのがんばりが、今のあなた自身をかたちづくっています。

## ● これまでの「がんばり」を糧に新しいステージへ

たくさんのことを「がんばって」きたことで得られた今の自分。教壇にはじめて立った頃には見えなかった景色を、今、見ることができています。

では、これから先も、その「がんばり」を同じように続けられるでしょうか。一つのことがうまくいっても、クラスの子どもが変わったり、勤務校の環境が変わったりすると、うまくいかなくなることも多いはず。そうするとますます、「もっとがんばらなければ」と力が入ってしまうことでしょう。

あなたがすでにがんばっていることは、がんばりすぎなくても、できることではないでしょうか。自分自身が無理なく、心地よくいながら前進できる加減を探してみましょう。

6

# 「先生として」がんばってきた中で失ったもの

## ● 限られた時間をどう使うか

前項では、「がんばってきた中で得たもの」に焦点を当てました。多くの先生方は、「子どもたちのために」と放課後遅くまで、あるいは休日の時間を費やしてまでスキルアップに努め、腕を磨かれているのではないでしょうか。

しかし、がんばりの中で、得たものばかりでしょうか。教材研究や授業準備に力を入れすぎて睡眠時間が減り、体調を崩したことはありませんか。あるいは、見たかった映画が見られなかった、行きたいところに行けなかった。そんなことがたくさんあったかもしれません。

失ったものを考えるのは心が痛むかもしれませんが、ここで冷静にふり返り、考えてみましょう。

これまでのがんばりで失ったものは？

## 失ったものを眺めてみると

具体的に書き出した「失ったもの」。少し時間をとって、ご自身が書き出したものを眺めてみてください。どんな感情が湧いてきますか。例えば、「見たかった映画が見られなかった」などは、レンタルショップで見られるなど、取り戻しがきくかもしれません。ですが、自分自身の健康や時間、家族との交流など、すでに取り戻せないものもあるはずです。

かく言う僕自身も、以前は「遅くまで教材研究をすることがいいことだ」と思っていた時期がありました。しかし、その年、学級経営がうまくいかなくなってしまったのです。きっと見えないところで疲労が溜まり、心の余裕がなくなってしまっていたからだと、今、ふり返ることができます。あの頃、時間を費やしたことすべてが無駄ではないとは思いますが、もっと別のやり方があったように思います。そうできれば、自分にとっても、当時の子どもたちにとっても、よりよいものだったのかもしれません。今でも、当時のことを繰り返したくないと思いながら、日々を過ごしています。

## ●後悔はしない

失ったものを考えるときりがありませんし、失ったものが多くても、後悔する必要はありません。なぜなら、その時の自分にとっては最善だったからです。今思えば、違う道もあったかもしれません。しかし、当時の自分にとっては最善の選択であったと胸を張りましょう。

僕自身も、がんばりすぎる経験があったからこそ、今ではより「がんばりすぎない」ことの大切さを痛感しています。すべての経験が生きてくるのが教師のいいところです。

あの時、最善を尽くした自分、がんばりすぎた自分にも、感謝を。もちろん、失ったものにも、感謝を。後悔するよりも、これからの自分自身の人生をポジティブに選んでいきましょう。

7

# 自分が「ありたい姿」を描こう

## ●「がんばる」ことが目的に？

学校現場では、「がんばれ！」「がんばろう！」の言葉が毎日のように使われ、多少の無理も厭わないということが当たり前であるかのように言われる傾向が強いです。そして、多少の無理をすることが当たり前になりすぎて、「がんばる」ことが目的になっていることはないでしょうか。あなたの勤務校には、「仕事が終わったから定時に帰れるけれど、今帰るのは帰りづらいから、何か仕事をしていよう」という雰囲気はありませんか。

「がんばる」ことは、目的ではないのです。

## ●「がんばる」の裏に隠されたもの

「算数が苦手だからがんばる」「国語の授業がうまくいかないからがんばる」など、自分自身の中で苦手な部分や克服したい部分を乗り越えていく時に、「がんばる」という言葉は多用されがちです。しかし、その先には、「算数ができない自分はダメなやつだ」「国語の授業がうまくできない自分ではいけない」という自己否定の心理が隠れてはいないでしょうか。もっと言えば、「完璧な自分でなければいけない」という無意識の強迫観念が潜んではいないでしょうか。

自分の苦手を克服すること自体を否定したり、スキルアップを図ったりすること自体を否定するわけではありません。僕自身も、まだまだ満足のいく授業ができているとはいえません。ただ、「がんばろう」とする時、今の自分を否定してばかりいると、アクセルとブレーキを同時に踏んでいるような状態になり、苦しくなってしまいます。

「自己否定」から始まらない努力と心のあり方を意識してみましょう。

## 「ありたい姿」を描く

「自己否定」から始まらないためにはどうすればいいのでしょうか。「完璧な自分」という絵に描いた餅を追いかけるのではなく、自分自身の「ありたい姿」を描くことから始めることをおすすめします。
「なんでもできる完璧な自分」は自分中心の世界です。自分のかなわない願望が、強く反映されていることもあります。一方、「ありたい姿」は、心地よい姿です。同僚や家族との関係も心地よく、無理のない状態です。自分が喜ばせたい相手にとって、どういう存在でありたいか、と考えてみるといいでしょう。

自分の「ありたい姿」とは？

僕自身、これまでさまざまなセミナーなどで「ありたい姿」を何度も描いてきました。ふり返れば、今、当時描いていた姿のほとんどが実現しています。箇条書きで書き出してもいいですし、「自分の理想がすべてかなったらどんな1日を過ごしているか?」と具体的に思い描き、小説のように書いてみてもいいでしょう。

## ●「できている」「近づいている」ことを意識する

自分で描いた「ありたい姿」。見返してみて、どうでしょうか。

自分が目指す方向を意識するだけで、無意識にそちらに向かおうとする動きが出てくるものです。そして、描いた姿を時々ふり返り、「個々の部分が近づいている!」と、できていることに目を向けるようにしてみましょう。できていないことを意識するより、できていることを意識するほうが、「ありたい姿」に近づいていけます。

3か月や半年に一度のペースで、自分自身をふり返ってみてください。

8

# 「何もしない」ことをしてみよう

## ●「何かやらなきゃ！」と思いすぎていませんか

ここまで、さまざまな視点から自分自身のことをふり返り、見つめていただきましたが、今、どんなことを考えていますか。どんな感じがしますか。

「がんばってしまう」ことの裏に自己否定があるということをお伝えしましたが、同時に、「何かしていなければ」という思い込みもどこかにあるのかもしれません。あるいは、「何かをし続けて、成果を出さなければ」という強迫観念もあるかもしれません。

そうした想いは、本当に必要なことでしょうか。

## 意図的に「余白」をつくってみる

僕自身も、常に何かをしていないと落ち着かないタイプです。勤務中は、少しでも時間があれば授業準備や書類作成を行いますし、プライベートでは隙間があれば読書をしたり、ＳＮＳをチェックしたりしています。それでも、何か気分が晴れない時や何かに追われている感じがした時こそ、あえて「何もしない時間」を確保するようにしています。

１日15分でいいのです。一切何もしない、何も考えない時間を確保してみましょう。「余白」を意図的につくることで、心身が整う時間をもつことができます。

今、この本を閉じて、15分後に再会しましょう。

## 「時間ができたら」では時間はとれない

いかがでしたか。15分間、何もしない時間を過ごしてみることができましたか。何もしない時間を過ごしてみて、どんな感じがするでしょうか。

僕自身は、「何もしない時間」を確保しようとすると、知らない間に眠ってしまっていることが多いです。きっと気付かないうちに自分に無理をさせているのでしょう。こうして実践してみると、案外「何もしないでゆっくりする時間」が確保できていないことに気が付きませんか。感じたことを、書き留めてみましょう。

「何もしない時間」で感じたことは？

「週末、時間があったら趣味の料理をしよう」「時間があったら、見逃したドラマを見よう」などと考えていても、実際にはできないことって多いですよね。同じように「時間があったら、何もしないでいよう」と意識してみても、なかなか時間が確保できないものです。あえて「今から」や「週末のこの時間は」などと具体的に決めることで、余白の時間をしっかりと確保するようにしてみてはいかがでしょうか。

余白の時間が生まれることで、心身に少しずつ余裕が生まれてきます。常に張りつめていた自分の心にも、少しずつゆとりが出てくるのです。

今まで、がんばりすぎていた自分をいたわってあげてください。

# 「顔晴る」と抑圧

「がんばる」という字は、「頑張る」と表記されることが多くあります。しかし、インターネットなどや書籍などを見ていると、あえて「顔晴る」と表記されているものを見かける時があります。「頑張る」という漢字を分解すると、「頑なに張る」と読めて、歯を食いしばって限界を超えて取り組む、という印象を受けます。一方「顔晴る」では、「顔が晴れる」となり、笑顔で楽しく取り組む様子が想像できます。そんな漢字のイメージに惹かれ、僕自身も一時期、「顔晴る」と表記していたことがありました。言葉のもつイメージで、自分の気持ちを前向きにしようと考えていたのです。

しかし、「顔晴る」と表記していた僕の心は一向に晴れなかったのです。たいへんなことが起こった時、思い悩むような苦しいことがあった時、「顔晴る」という言葉を見ても、イメージされたのは「頑張る」のほう。それでも、「晴れやかにやらなきゃ！　必死になっちゃダメなんだ！」と自分を無理やり鼓舞していました。「顔晴る」ことを意識するのはいいけれども、「顔晴る」に囚われすぎるあまり、心の奥にあった「しんどい」「もう休みたい」「逃げ出したい」という大事な自分の本音から目をそらしていたのです。「顔晴る」と言いながら、全然晴れやかになれない自分を責め、自分で自分を追い詰めていたのでした。

「顔晴る」という表現に代表されるような前向きな言葉は、人を勇気づける力があります。「アファメーション」という願望達成方法では、同じ言葉を繰り返し口にすることで、願いがかないやすくなる、と言われています。しかし、その奥にある自分の本心を抑圧していては、願いがかなうどころか、ますます苦しくなるばかり。「苦しい」「しんどい」と感じているのも大事な自分の一部なのに、そんな自分を置き去りにして、夢がかなうことはありません。前向きな言葉を言っていれば幸せになれるはず、と思っていたのに！

以来、できるだけ前向きな言葉を使うようにしながらも、「しんどい」「つらい」「苦しい」と感じている自分を無視しないようにしています。そのほうが、何倍も心からリラックスできているのです。自分の感じていることを素直に表現する。たったそれだけのことが、一番自分をラクにしてくれたのです。

無理して前向きになる必要はない。自分の気持ちを認め、寄り添うことが前向きなエネルギーを生み出すコツなんだなあ、と改めて感じています。

Chapter 2

# 生活の中に取り込める自分をラクにする方法

# 1

# モーニング・ページ

## ●「脳の排水」を行うことで整理する

自分をラクにするための方法として、まずは「モーニング・ページ」という方法をご紹介します。必要な道具は、紙（ノート）とペンだけ。やり方は、朝起きてすぐにノートを開き、思いつくことをただただ書き記していくだけです。

モーニング・ページは「脳の排水」とも言われます。さまざまな思考でいっぱいになった頭の中を書き出すことで、心を落ち着かせることができます。提唱者のジュリア・キャメロンによると「朝30分早起きをして、毎日3ページ書くとよい」とのことです。しかし、日本語なら1ページ書けば充分です。ノート1ページであれば、15～20分程度で書くことができます。いつもよりほんの少しだけ早起きをして、自分のための時間を確保することから始めてみましょう。

## ●どんなことを書いてもOK！

しかし、いざ書き始めてみると、「こんなことを書いてもいいのだろうか？」「こんなことを思ってはいけないんじゃないか？」などと感じてしまうことが出てくるかもしれません。

心配御無用です。モーニング・ページは何を書いてもいいのです。書いたものは、人に見せるために書くわけではありません。自分のためだけに書くのです。どんな自分の言葉も否定せずに、どんどん書いていきましょう。

例えば、「今日は火曜日。明日はゴミの日だ。そろそろゴミ袋のストックがなくなりそうだった……」というようなたわいもないことや、「今日は、教育委員会の訪問。授業準備はだいたい終わった。教室の掃除をもう一度……」などと、思いつくことをためらわずに書いていきましょう。

「昨日は、私のせいで○○と言われたけれど、自分だけが悪いわけじゃない……あの時、私だって……」と自分の中にある本音も大切な自分の一部です。自分を慈しむように、あふれ出てきた言葉や想いを否定せずに受け止めてください。

## 書き出すことでラクになれる

日々いろいろなことが起こる学校現場では、常に頭の中も目まぐるしく動いています。目には見えなくても、悩み続けるとどんどんエネルギーを消耗してしまうものです。消耗している時こそ、頭の中の状態を「書き出す」ことで、思考は整理されていきます。

パソコンやタブレットなどに書き出すよりも、紙とペンを使って自分の想いをダイレクトに表現するほうが、グッと真に迫り、思考も感情も整理することができます。

## 自分をほめて自信を取り戻す

「どうして自分はいつもこうなんだろう……」「昨日の話は本当に許せない。だけど、許せない自分はいけないのではないか……」など、書き進めていく中で否定的な言葉が出てくることも多くあります。すると、「こんなネガティブなことを考えてばかりではいけない」とさらに自分を否定したくなるかもしれません。

たとえ否定したい気持ちが出てきても、そのまま言葉にしてノートに書き続けてみましょう。あえて否定したい気持ちを充分に感じとることで、自然と前向きなエネルギーが湧いてきます。

また、モーニング・ページの最後には、自分をほめるようにします。「今週は調子がよくなかったけれど授業がうまくいったぞ。がんばったね！」「毎朝起きて、これだけ書き続けられるなんて、すごいな、自分！」などと、温かい言葉を自分自身にかけてあげるのです。はじめは不自然に思えてしまったり、照れてしまったりするかもしれませんが、一言ずつ、少しずつでいいのです。

自分自身を慈しむことが、自信を取り戻す確かな一歩につながっていきます。

2

# スマホ、SNS、メディア断ち

## ●どこにいても「必要のない」情報に出会う社会

高度情報化社会と言われて久しくなりました。どの家庭にも、テレビやパソコンがあり、常に最新の情報であふれています。みなさんの手元にあるスマートフォン、街頭広告、電車に乗ればたくさんの中吊り広告や液晶画面に絶え間なく流れるコマーシャル……。社会科でも学ぶように、日常は目まぐるしく膨大な「情報」であふれかえっています。

しかし、自分にとって本当に必要な情報は、ほんの一握り。「必要のない情報」に触れることから、自分を守ることも考える必要があります。

## ●たくさんの情報による大きな負荷

たくさんの情報を受け取ることは、気付かないうちに脳に大きな負荷をかけています。入ってくる情報自体は意味のないものが多いのですが、自分なりの感情や解釈が入ると、大きな意味をもってしまいます。

絶え間なく情報が入ってくる環境においては、脳は情報を処理し続けてしまいます。すると、気付かないうちに、本当に考えたいことや、必要なことを考えるエネルギーが減っていってしまうのです。

## ● 情報を断って心と体を休ませる

心身の疲れを感じ始めたら、一度、スマートフォン、SNS、テレビなどのメディアから離れてみましょう。できれば、週末の2日間、難しい場合は半日だけでも、意識的に「情報」から距離をとるようにします。情報源を断つことで、入ってくる情報の量を抑え、リラックスすることができます。はじめは、「情報のない時間」に落ち着かないかもしれません。それでも続けているうちに、心身がリラックスしてくることが感じられてきます。自分にとって本当に必要なことは何かを、見つめ直す機会になります。

3

# 絵を描き、音楽に触れる

## ●しんどい時だからこそ

日々のさまざまな悩みでストレスを抱えている時、帰宅した途端にぐったりして、朝まで起きられなかった、という経験がある方もいるのではないでしょうか。いくら寝ても疲れが取れず、寝ることさえしんどくなることもあるでしょう。

どうしても休まずにはいられない時もありますが、あえて少しだけ行動を起こし、絵を描く、音楽に触れるなどの手軽なことに取り組んでみましょう。

## ●自分の感情にそっと触れてみる

絵を描くといっても、上手に描く必要はありません。思いつくままに、色鉛筆やペンを持って、手を走らせてみましょう。時には、「今の感情を描いてみる」「今の問題が解決した状態を描いてみる」などのテーマを決めてみてもいいでしょう。自分の内面にある感情に触れることで、心が癒やされていきます。

また、自分の気持ちに合う音楽をゆっくりと味わいながら聴くのもおすすめです。ピアノやギターなどの楽器が身近にある方は、思いつくままに演奏してみましょう。

## ●没頭することでリフレッシュ

絵を描いたり、音楽に触れたりすると、自分が今していることだけに集中できます。自分のしていることだけに没頭している瞬間は、いわゆる「フロー」に近い状態になり、感情を開放してくれます。

自分自身の悩みやストレスと一見関係がなさそうに思えることであっても、スッキリした自分を感じられるはず。「ちょっとしんどいかな……」という状況が出てきたら、少し時間をとって、ぜひ絵や音楽などに没頭してみてください。

# 4

# 「〜すべき」から「〜してもいい」へ

## ●日常的に思考の「隙間」がない現実

教師の仕事は、たくさんの業務を同時進行で行う場面がたくさんあります。子どもたちが登校したら体調確認や提出物、連絡帳のチェック。休み時間は隙間をぬって宿題などのチェックを行い、次の授業の準備。行事が近づくと運動会の準備をしながら、校外学習の実行委員へ指導をしたり、しおりの作成準備をしたり……。常に「あれをしなければ」「次はこれをしなければ」と、「〜すべき」「〜しなければならない」という思考でいっぱいです。

## ●責任感が生み出す負のスパイラル

多くの先生が、「〜すべき」「〜しなければならない」とさまざまな業務に義務感と責任感をもって、日々誠実に取り組まれていることと思います。ですが、この「〜しなければならない」という思考のクセが、自分自身を苦しめてしまいます。

近年はメディアなどで話題になっているように、学校業務はますます多様化・複雑化しています。そのすべてを「〜すべき」「〜しなければならない」と考えて行っていれば、教師は潰れてしまいます。

## ●自分を苦しめる思考のクセ

「〜すべき」「〜しなければならない」という思考は、義務感と責任感の表れであると同時に、自分を苦しめる思考のクセでもあります。例えば、「子どもの学力を伸ばすために、たくさんの手立てを考えなければならない」ということを考えていると、急なトラブルや体調不良などで授業準備が十分できなかった時、無意識に「手立てが考えられていない、そんな自分ではダメなんだ」という自己否定の思考に変換されてしまい、非常に危険です。

## 「〜してもいい」で考える

「〜すべき」というｍｕｓｔで思考するクセは、あなた自身をがんじがらめにしていきます。そして、「本当はやりたくないけれど、仕方なくやっているんだ」という意味合いも含まれて、自分自身を置き去りにした選択となってしまいます。

そこで、「〜すべき」「〜しなければならない」という思考を、「〜してもいい」に変換してみましょう。「子どもの学力を伸ばすために、たくさんの手立てを考えてもいい」という考え方に変換するだけで、思考と気持ちに余白が生まれます。また、立ち止まって考えた時に、「それでもやりたいんだ」ということに気付けると、自分自身で納得して選択したことになり、前向きなエネルギーが生まれてきます。

どうしても「〜すべき」「〜しなければならない」仕事は多いですが、「いつまで」に「どんなやり方」で「誰を巻き込んで行うか」については、自分の裁量に委ねられていることもまた事実。「〜してもいい」という思考で余白を生み出し、前向きなエネルギーで取り組んでいきましょう。

# 5

# 「自分へのご褒美」以外にも ちょっとした贅沢を

## ●がんばったら、ご褒美

学校には、さまざまな行事が存在します。運動会や校外学習のほか、校内授業研究会に教育委員会の学校訪問……。こうした行事の担当者になると、いつもより業務量が増え、心身への負担も大きくなります。そして、終わった後は職員室で甘いものが配られたり、食事会が開催されたりと、労をねぎらい合うことも多いものです。「がんばった後にはご褒美を」。小さい頃から当たり前のように行われています。

## ●がんばらなければ、ご褒美はもらえない？

がんばった後にはご褒美がある。当たり前のようなことですが、逆の見方をしてみましょう。つまり、ご褒美をもらうためには、がんばらなければいけないのかということです。

「ご褒美があるからがんばれる」という側面もあるかと思いますが、普段はがんばっていないのでしょうか。そんなことはないはずです。先生方は、普段から十分すぎるほど、さまざまな事柄に向き合ってがんばっていらっしゃいます。たとえ特別なことがなくても、毎日ご褒美をもらってもいいくらいだと、僕自身は思っています。

## ●認めているからこそ、ご褒美を渡す

「ご褒美をもらう」ということは、「あなたを認めていますよ」という心の表れとも言えます。相手の存在を大事にし、認めているからこそ、がんばりに敬意を表し、「ご褒美」というかたちで気持ちを伝えているのでしょう。そう考えると、自分へのご褒美は「自分で自分を認めているよ」という自分自身への愛情につながります。

普段使いするような洋服を買って、あえて「自分のために」プレゼント包装をしてもらったり、「自分のために」花束を買ってみたりするのもいいでしょう。

特別なことがなくても、「自分のことを認めて、大事にしているよ」ということを自分自身にご褒美を渡して、ぜひ伝えてみてください。

## 自分を大事にすることが自己肯定感に

「自分のためのプレゼント包装」や「自分のための花束」など、ちょっと恥ずかしくてなかなかできない方もいるかもしれません。しかし、いざやってみると、自分のためのプレゼントを家で開いた時、想像以上に感動するものです。そして、普段から自分を大切にしているつもりでも、意外と「行為」として目に見えるかたちにしてみたことはなかったなあ、と気付かされます。

こうして「自分を大事にする感覚」を少しずつ積み重ねていくことが、しなやかな「自己肯定感」につながります。ぜひ、自分への愛情を、あえて目に見えるかたちにしてみてくださいね。

6

# セミナーやサロンに参加する

## ●「学校」と「自宅」以外の場所へ

忙しい毎日を送っていると、学校と自宅の往復になりがちです。どの学校にも素晴らしい先生がたくさんいて、さまざまな悩みに答えていただいたり、指導技術を学んだりすることはできますが、どうしても似たような視点になってしまうことも否めません。それを回避するためにも、ぜひ、セミナーやサロン（学習会）に参加してみましょう。たくさんのメリットが得られます。

## ●複数の居場所をもつことのメリット

僕自身は、現在、全国各地の先生や教育関係者が集うオンラインサロン「教育アップデート研究所」に参加させてもらっています。また、地域の市民活動団体に所属し、月に1回程度、子ども食堂のお手伝いをしたり、話し合いに参加したりしています。また、SNS上の勉強会や音楽仲間のグループにも参加しています。

さまざまな居場所をもつことで、普段は出会えない方々とつながったり、なかなか知ることのできない業種の舞台裏などを教えてもらったりすることもあります。

## 普段と異なる視点に救われる

さまざまな居場所に所属していると、同じ出来事でも自分とはまったく違う視点をもつ人に出会うことができます。前述のオンラインサロンでは、小学校の先生だけではなく中学校や高校の先生、私立学校の先生、本を多数出版されている先生や教育関係のお仕事をされている方などが所属されています。「こういう場面で困っていて……」と相談すると、惜しみなくいろいろな視点から意見をもらうことができ、自分の悩みに対して違った捉え方や考え方をすることができるようになります。

多様な視点での意見をもらえることが、自分自身をラクにしたり、早い解決につながったりしています。

## ●未知のものに出会うことが幅を広げる

何よりもいろいろな「居場所」があることで、自分自身の経験の幅が広がっていきます。地域イベントの舞台裏を見ることで、効率的な行事運営を学ぶことができます。勉強会で聞いたなにげない話が、授業の学習内容とつながっていることもあります。学校外での経験が、教室での自分の言動に影響していくのです。

子どもたちに同じ話をしていても、深みが出たり、幅が広がったりと、よいことずくめです。今は、インターネットでほしい情報はすぐ手に入りますが、自分自身が体験して得た情報は、何にも変えられないかけがえのないもの。誰にも語れないオリジナルの情報が得られます。

7

# 「できたこと」に意識を向ける

## ●「足りないところ」を見るクセ

子どもの頃から「もっとこうしなさい」「ここがダメだ」などという言葉を、周りから言われたり、自分で自分自身にかけたりしてはいなかったでしょうか。自分では満足のいくことでも、周りから「ここがダメだ」と言われる。普段のなにげない会話の中でも、友だちから「○○さん、絵が上手～！」と言われても、「ここは謙遜しておかないと」「自分でうまいなんて言ったら、後で何か言われる」などと思って、「下手くそだよ～」とネガティブに答えてしまうことはなかったでしょうか。

もしかすると、「足りないところ」を見るクセがついてしまっているかもしれません。

## 「まだまだ」が自分を追い詰める

教師の仕事に終わりはありません。その気になれば、いくらでも自分のやりたいことを突き詰められることが良い点でもあります。しかし、いつになったら自分の仕事に、自分自身に「満点」をつけられるのでしょうか。いつまでも「まだまだ」と言い続けていると、自分にずっと「×」をつけていることになります。

理想が高いことは悪いことではありませんが、高すぎる理想に対して「×」をつけていると、疲れている自分に気付けなくなってしまいます。

## 「できたこと」に目を向ける

そんな時は、意識的に「できたこと」に目を向けてみましょう。「当たり前」と思われることでもかまいません。「今日は社会科の授業で資料をたくさん準備できた」「今日はノートチェックが十人分終わった」など、些細なことでも「できたこと」に目を向けることで、自分自身を認めることができ、前向きなエネルギーが湧いてきます。

寝る前にふり返ってもいいですし、「ほめ日記」として書き出してもいいでしょう。

はじめは一つずつ、「今日はこれができた！」という自分を温かく見守ってあげます。100点満点から減点するのではなく、「これができた、10点！」「あれもできた、20点！」と少しずつ積み上げていく意識をしてみましょう。

## 「できたこと」に目を向けるよさ

慣れないと、「できたこと」に意識を向けるのはなかなか難しいことです。そのためにも、まずは毎日一つずつ、自分の「できたこと」を見つけていきましょう。

以前は、僕自身が自分にダメ出しをしてばかりいました。しかし、ある日から、自分のできたこと、ほめることを見つける「ほめ日記」を書くようにしました。すると、クラスで子どもたちを見取る視点が驚くほど変わっていったのです。

それまで「この子のここがダメだなあ……」という視点でばかり見ていたのが、「おっ！　こんなことをがんばっているのか！」と、一人ひとりの子どもの「よさ」に自然と目が向くようになりました。そのおかげか、ある時、教室でランドセルの防犯ブザーが鳴った時に、「電池切れてないねー‼　よかったね！」と自然と声をかけられるようになっていたのです。すかさず、それを聞いた子どもが、「今まで防犯ブザーが鳴ると怒られていたけど、こう言われたのはじめて！」と嬉しそうにつぶやいて教室中に笑顔が広がりました。

「できたことに目を向ける」ことを意識するようになって、自分自身、そして子どもたちとのかかわり方にも変化が見られるようになりました。「これがダメだ！」「まだ足りない！」とないこと探しばかりしていても、自分にできることは限られています。

自分の人生における限られた時間とエネルギーは、自分のために、そして子どもたちのよりよい成長のために使っていきたいですよね。まずは1日一つ、自分の「できたこと」を意識的に見つけることから始めていきましょう。

# 8

# 自分に「はなまる」を

## 不安や不満があってはいけないのか？

「できたことに目を向けよう」「いいところを見つけよう」と言っていると、無意識のうちに「不安や不満があってはいけない」と思いがち。僕自身もそう思っていた時期がありました。

自分の最善を尽くし、「これができた」「こんなことがよかった」と思っていても、どうしても不安や不満なところは出てきてしまいます。不安や不満があっても無理やり「いいところ」だけを見るのではなく、「こういうところは嫌だよなあ」と、無理せずに、不安や不満があることも認めていきましょう。

## 不安や不満があるのは自然なこと

不安や不満を打ち消してしまうと、抑え込まれた不安や不満のエネルギーが別のかたちで噴出してしまうこともあります。仕事がなぜかうまくいかなくなったり、身体の調子が悪くなったりというかたちでです。

物事にはすべて、ポジティブな側面とネガティブな側面が存在します。ですから、ある出来事に対して不安や不満が出てくるのは自然なことなのです。不安や不満が出てきた時に、「不安や不満を感じてはダメなんだ」と自分を責める必要はまったくありません。

## 書き出すことで頭を整理する

不安や不満にばかり気を取られてしまう時、頭の中でずっと気にし続けていると、それだけで疲れ切ってしまいます。頭の中でぐるぐる考えてしまう時は、思い切ってノートや紙に書き出してみましょう。「こんなことを思ってはいけない」とか、「こんなことを考えている自分はダメなんだ」などと考えず、とにかく全部書き出します。

## 書き出したことに大きく「はなまる」をつける

すべてを書き出してみるだけで、頭の中はかなりスッキリしてきます。僕自身が取り組んだ時は、自分でも読み返すのが嫌なくらい、ネガティブな感情が自分を支配していたことに気付きました。そして、書き出し終えたら赤ペンを持ち、今、自分の気持ちを書き出した紙に大きく「はなまる」をつけてあげましょう。子どもたちのノートや宿題にはなまるをつけるような気分で、です（笑）。

この「はなまるをつける」という行為は、自分で自分を認める行為。「こんなネガティブなことを考えていても大丈夫！」「不安や不満がある自分でもいい！」ということを、はなまるをつけることで背中を押し、体感することができます。

どんな自分でもＯＫ。一番の味方でいてあげましょう。

# 9

# お気に入りの場所に出かけよう

## ありのままの「自分」に戻る

「24時間、教育公務員としての自覚を……」ということを、教師であればさまざまな場面で耳にされていると思います。そして、休日に買い物をしていると、子どもに会って、「先生！」と呼ばれるという経験は、誰しもあるのではないでしょうか。

「先生」というだけで、社会からのさまざまな視線を向けられる。だからこそ、時には「先生」という肩書を脇に置いて、一人の「自分」に戻り、一息つく時間も必要です。

## 職場でも家庭でもない場所で

学校では、「先生」として、あるいは役職としての役割を期待される。家庭では、リラックスしながらも、家族の中での役割を行うこともあります。家事や育児に精を出し、自分の時間がもてないこともあるでしょう。

そうした時は家族と相談をして、一人で外出し、自分だけの時間がもてる場所に行ってみましょう。誰も知らない住宅街のカフェ、自分だけしか知らない絶景ポイント、参拝客の少ない近所の神社……。

気兼ねなく自分の時間をもてる場所を、ぜひ見つけてみてください。

## 「自分とアポをとる」つもりで時間をとる

定期的（週一〜月一程度）に一人の時間をもつことを習慣にしてみるのがおすすめです。どうしてもさまざまな予定があって難しいという場合は、予定として組み込んでしまいましょう。「自分とアポを取る」つもりで手帳に書いておくのもいいかもしれません。別件が入りそうでも、「この日は予定が……」と断るのも大事なこと。

一番大事な自分のために、自分自身に戻れる時間をつくるのです。そうした時間を過ごすことが、自分自身の人生を前向きに生きるエネルギーになっていきます。

# 「モーニング・ページ」の効果

忙しくがんばっていらっしゃる先生方に、モーニング・ページはとてもよい習慣になると思います。「書く瞑想」と呼ばれ、シンプルながら続けていくことでさまざまな効果が期待できます。

私はモーニング・ページを14年間続けていますが、書くことで気持ちを吐き出せて整理ができるだけではなく、どんな自分でも受け入れ、客観的に見つめる力、集中力、創造力が高まり、何より基本的な心の落ち着き、自己肯定感がついて、気持ちが安定してきたように思います。

以前は私も自己否定からがんばりすぎて空回りし、体調を崩したり、仕事がうまくいかないことが多かったのですが、モーニング・ページを書き続ける中で少しずつ自分を大切にすることができるようになり、それまでつらかった仕事や人間関係などもうまくいくようになっていきました。

朝の慌ただしさの中で20分の時間を確保することはたいへんだと思われるかもしれませんが、モーニング・ページを書かない日のほうが心が不安定で効率が悪く、パフォーマンスが落ちる感覚があるのです。私にとっては時間を有効に使うためにも欠かせない、心の準備体操のような習慣です。

また、しばらく書き溜めたものを読み返すと、「こんなにがんばっていたのか」「こんなに気になっていることはどうにかしなきゃ」などと自然に自分で自分を認め、大切にするための行動のきっかけになることもあります。

書いていると、脳のモードがクリエイティブに切り替わるので直感力が高まり、思いがけない名案がモーニング・ページのノートに書けることもあります。その通りにアイデアを実行すると、うまくいくことも多いのです。書き続けていると本当に、人生がよりよい方向に大きく変化していきます。

モーニング・ページの提唱者ジュリア・キャメロンのメソッド「アーティスト・ウェイ」には、創造性が開花するさまざまなワークがあります。メディア断ちや自分とアポを取ることなどのほかにも、先生方の役に立ち、子どもたちにも応用できるたくさんの知恵が詰まっていると思いますので、ぜひ参考になさってみてください。

自分を大切にしながらクリエイティブに生きる先生に教わった子どもたちは、きっと自分を大切に楽しく生きられる人に育つと思います。私にも小学生の子どもがおりますが、本当に子どもたちのためにも先生方は無理せず、もっと自分のために人生を楽しむことを考えてほしいと思います。

アトリエアムリタ　**飯島 波奈**

●「いっしょにアーティスト・ウェイ！」発起人。オンラインで、モーニング・ページ朝活を主催している。アメブロ「花ひらく ひとしずく」https://ameblo.jp/87am

Chapter 3

# 放課後の時間を30分増やす方法

1

# 「テスト返却」「宿題チェック」は子どもがいるうちに

## 鉄は熱いうちに打て

単元末テスト（ワークテスト）や小テストなどは、実施したその日のうちに返却できるようにしています。時間が経ってしまうと、子どもたちも「どこを間違えたのか」「なぜ間違えたのか」を考えることが難しくなってしまいます。

記憶の新しいうちに返却することで、教師も、子どもも、課題意識をもって見直しをすることができます。

## 1時間で採点→返却→直しまで

ワークテストの大半は、45分間丸々使わなくても終わる内容のものばかりです。終わった子から提出してもらい、その場でどんどん採点していきます。最近は児童用の解答がついたワークテストも多いので、子どもたちは待っている間に答えを見直して自分自身で間違いに気付くことができます。

全員が提出し終わった頃には採点をほぼ終えているので、点数を記録して返却。その場で間違い直しをして、教師が確認して終了です。さらに時間があれば、間違えた問題をノートにやり直しをさせたり、ドリルなどに取り組ませたりして復習の時間に充てます。

## 宿題は「チェックだけ」ですむような指導を

多くの学校で出されている宿題。この宿題の採点や補習を、すべて教師だけでやろうとすると、時間がいくらあっても足りません。ドリルやプリントなどはできるだけ答えも一緒に配付し、「自分で丸つけをして提出する」ことにしておきます。

そのためにも、日頃から「自分で丸つけをする」ことができるような指導を積み重ねておきます。子どもが自分で丸をつけ、間違いを直して提出する宿題であれば、確認する時間は短くてすみます。「自分で学ぶ方法」を身につける第一歩としても最適です。

2

# 「所見」「校務分掌の書類」は事前準備と細分化

## ●時間のかかる大きな仕事は「細分化」して考える

1年間を通して特に時間のかかる業務として、「通知表の所見」や「校務分掌の提案資料づくり」などがあります。また、月末に行う出席簿の作成や各種報告など、どうしても時間のかかってしまう業務もあります。こうした仕事に共通していえるのは、まとめてやろうとするから時間がかかるということ。

やるべきことを細分化して、日々の習慣に組み込んでしまうと、負担感はぐっと小さくなります。

## ●所見は1日5分を積み重ねる

「通知表の所見」に時間がかかるのは、書く材料を探さなければならないからです。

時間を少しでも短縮するためには、校務用パソコンに専用のフォルダーをつくったり、仕事用のノートにメモ欄をつくったりして、日々の子どもたちの「よいところ」「成長したところ」をいつでも記録できるようにしておきます。

1日二〜三人であれば、5分程度ですみます。こうして、日々、所見に書く材料を溜めておくことで、通知表や指導要録を作成する時にあまり悩みません。ほんの一言だけでも十分。あとは適宜言葉を補足し、保護者に伝わる文章にまとめていきます。

## ●月末の提出書類も「細分化」

毎月末に報告・提出するような書類についても、細分化がカギ。日々少しずつ作成しておくことが、時間を生み出すためには大切です。例えば、出席簿。今は、どの学校でも、データ入力して、月末に提出しているかと思います。しかし、月末にまとめて入力しようとすると、「あれ？　この子はなんで休んだんだっけ……」とか、「この日は遅刻してきたけれど……」などと、改めて確認し直す手間が発生してしまいます。

そうならないためにも、毎日子どもたちを下校させた直後に、その日の出欠情報を入力するように習慣化してしまえば、短時間で完了させることができます。

## ● 校務分掌の書類は関係者への「相談」を考慮

校務分掌によっては、授業内容にかかわるような提案を作成することもあります。その際、昨年度の職員会議資料や担当者からの引き継ぎで、どの時期にどんな書類が必要なのか把握しておきます。特に負担の大きくなりそうな学年や行事などと重なっている学年の先生に、事前に「こんな方向で実施を考えています」と相談しておくといいでしょう。

事前に相談し、課題などを整理してから提案することで全体がスムーズに動けるようになり、結果的に全員が無理なく効率よく動くことができるようになります。

## ● 来年度を見据えた動きを素早く

毎年行われるような行事は、子どもたちの実態や職員構成によって実施の仕方を検討していくことが必要となります。そこで、僕は、「職員会議での提案直後」と「行事を実施して反省をもらった直後」に今年度の資料を修正し、来年度分の資料を作成しています。

来年度は校務分掌が変わることもありますが、新しい担当者がゼロベースで作成するよりも取り組みやすくなりますし、年度末に大慌てで書類のデータを整理する必要もなくなります。

一つ終わるたびに来年度を見据える。記憶の新しいうちに書類を作成しておくことで、質の高い資料が時間をかけずに仕上がります。

3

# 「教材研究」は一単元先まで

## ● 授業の前に「単元全体の流れ」を見通す

僕たち教師の1日は、勤務時間の始めから終わり近くまで授業がびっしり詰まっているのが現状です。また、子どもたちがいるうちにできることを終わらせても、翌日の授業準備で手一杯になってしまうことも多いと思います。

直前にならないと準備できないこともありますが、「単元全体の流れ」を把握しておくことで、準備の負担は軽減されます。

## ● 長期休みをうまく活用

「単元全体の流れ」を考えようとしても、なかなか教材研究をする時間が確保できないのも事実です。専科の先生にお願いする空き時間や長期休みなどのまとまった時間がとれる時に、教科書や年間計画を見て、準備を進めていきましょう。授業のすべてをつくり込む必要はなく、教科書や指導書を眺めて「こんな学習をするんだ」「こんな流れで授業しようかな」とイメージがもてれば大丈夫。夏休みや冬休みなどの長期休みに、少し先の単元の流れを組み立てておくと、授業準備をラクに進めることができます。

## ●「見通し」が立てば「ゆとり」ができる

教材研究をする時は、もう一つ先の単元を意識しておくことで、学習内容の「つながり」が見えてきます。一つの授業で「指導すべきポイント」があぶり出され、例えば、「次の単元は通分の学習だから、公倍数の練習問題を増やそう」などと、授業展開を効果的に工夫することができるようになります。

「つながり」が見えれば、学習用具の準備にも慌てません。コンパスが必要な学習で、前日に「明日までに持ってきて！」などという指示では子どもたちもたいへんです。「忘れました～」「家にありません～」となる前に声をかけると、落ち着いて学習に臨むことができます。「一単元先」を見通して、ゆとりのある教材研究を進めましょう。

4

# 「教科横断型学習」で授業準備の負担減

## 学習指導要領でも推奨

二〇二〇年から全面実施となった新しい学習指導要領では、「カリキュラム・マネジメント」による教科横断型の学びが推奨されています。すでにさまざまな場面で言われているように、日常の中で「これは国語科の力」「こっちは理科の力」などと明確に区分できることは多くありません。

学習内容は教科ごとに分かれていても、教科の壁を越えて学習する意義のある内容が多くあります。そうしたメリットを存分に活用していきましょう。

## 一緒に学ぶことで学習の深まりが生まれる

例えば、社会科の学習で「新聞にまとめよう」という活動をする時、国語科の学習では「新聞をつくろう」などの単元が存在していることがあります。それぞれを単独で行うと、社会科では「時間が足りない！」、国語科では「何を書いたらいいの？」という状況に陥ってしまうこともありますが、社会科と国語科の時間両方で、「社会科で学んだことを新聞にまとめる」という学習を進めれば、国語科で学ぶ新聞の構成を意識して社会科のまとめをする、という学習の深まりが生まれてきます。

## 子どもにも教師にも時間が生まれる

「国語科の時間＋社会科の時間」というように、複数の教科の時間で同じ内容を学習することで「ゆとり」が生まれてきます。慌てて新聞を書くこともなく、こだわりたい子は内容を深め、難しい子は時間をかけて学習に取り組めるようになります。

また、横断型で行うことで、1～2時間程度の余白の時間も生まれます。その時間で、さらに発展的な内容を学習したり、別の学びに充てたりと、学習をさらに充実させながら、教師の負担も軽減させていくことができます。

ぜひ、「教科の壁」を越えた学習も意識していきましょう。

5

# 学年内「交換授業」で負担軽減

## 得意分野や強みを生かす

近年、小学校でも「教科担任制」が話題になっていますが、学年内で教科担任制のように、交換授業を行ってみることもおすすめです。

僕の勤務校では、3クラスある学年で、「理科」「外国語科」「図工科／家庭科」をそれぞれの教師が担当し、交換授業を実施していました。全教科担当する小学校教師でも、一人ひとり得意分野や強みは違います。それぞれの持ち味を生かすことで、より質の高い授業を展開できるようになりました。

## 負担大幅減で授業の質もどんどん向上

一人の教師が一つの教科だけを担当するようになると、授業準備の負担は格段に軽減されます。特に理科の実験や図工の実技などは、1回の準備で学年全クラス分に対応できます。また、繰り返し同じ内容の授業を実施できることで、授業の質も向上していきます。全校行事などと重なってしまったり、出張が入ったりすると、調整が難しいこともありますが、学年の教師間でコミュニケーションをとる時間は増加し、連携強化にもつながっていいことずくめです。

## 「さまざまな視点で見る」というメリット

授業担当が入れ替わることにより、子どもたちを見取る視点が増えるという利点もあります。自分の授業では落ち着いていた子が、別の先生の授業では集中を乱す様子があったり、逆にまた別の先生の授業では積極的に発言をしていたりと、担任が普段見ることができない様子を知ることも可能です。担任の前では見せない様子が見つかることは、学級だけではなく、学年、そして、学校の安定にもつながっていきます。

さまざまな教師の視点で見ることが、子どもたちのよりよい成長を支えていく基盤にもなっていくのです。

6

# 1日15分「先を見据えた」準備時間を

## ●生み出した時間を「再投資」する

教師にとって、「授業の質を高める」ことは最重要課題です。そのために僕はできることをやって、放課後に「次の一手」のための準備時間を確保するようにしています。具体的には、放課後にテストの採点やノートチェックなどを行わず、次の授業のためにとことん時間を使えるようにするということです。生み出した時間は、明日の授業ではなく、さらに先の授業や行事などの準備時間に充てています。

## ●2週間〜1か月先をイメージする

教材研究は、いくら時間があっても足りないものです。そのため、僕自身は、1日15分でも、2週間〜1か月先のことを想定しながら授業や行事などの準備を行うことを習慣づけています。明日の準備をする時間ばかりだと、「仕事に追われている」感覚だけが先行し、気持ちの余裕がなくなってきてしまいます。

あえて先の予定に先んじて準備をすることで、精神的な余白が生まれ、さまざまなアイデアや可能性が見えてきます。

## ●具体的に時間を設定する

「先を見据えよう」と理解していても、いざ実践となれば、なかなか難しい面もあります。そこで、「時間ができたら準備時間に」とするのではなく、「4時から15分間は先の準備に充てる！」などと、自分なりの明確なルールを設定してしまいましょう。突発的な事案などで多少前後しても、自分のリズムにしておけば、少しずつ余裕が生まれます。

見通しが立つことで余裕が生まれれば、子どもたちへの接し方も、より落ち着いて丁寧に行うことができます。自分のためにも、子どもたちのためにも、時間の確保だけではなく、設定の仕方にも一工夫していきましょう。

7

# 「日記のコメント」は短いからこそ効果的

## ●子どもにも教師にもよいものを

学級担任となってから、毎年、岩瀬直樹先生の「ふり返りジャーナル」の取り組みを行うようにしています。「一言日記」や「成長ノート」などの名称で、多くの先生方が、子どもに1日の終わりにふり返りを書かせる取り組みを行っていることでしょう。僕はこの「ふり返りジャーナル」の実践が、子どもにとっても、教師にとってもよいものとなるよう心がけながら毎年継続しています。

## ●子どもにも教師にも負担をかけない

1日の終わりにふり返りをすることで、子どもたちにメタ認知力が育っていき、自分を見つめられるようになっていることがわかります。ただ、それが負担になっては意味がありません。書く時間は確保しても、「〇行以上書きましょう」などと求めることはしません。また、教師の僕も、「基本的にコメントはしないよ。することがあっても、とても短いよ」ということを前もって伝え、子どもたちに承知しておいてもらいます。先に宣言しておくことで、子どもも教師も互いに負担なく、リラックスして取り組むことができます。

## ●子どもの内面を見取り、関係をつなぐきっかけに

コメントの基本は、子どもたちの書いたことに対して、短く、肯定的な言葉（「いいね！」「おお～！」「ナイス！」など）を返していきます。そうすることで、放課後15～20分ぐらいで終了です。作文指導ではないので、誤字脱字など直しません。

これによって、落ち着いて話をする時間がとれなくても、子どもたちの感じ方や変化を見取るきっかけになります。また、「こんなことを書いている人がいてね……」などと、子どもたちの関係づくりのきっかけとして紹介することもあります。

子どもと教師、子どもと子どもをつなぐきっかけとして、日々、活用しています。

## 8

# 「絶対肯定」と「I《アイ》メッセージ」で子どもと学級経営を楽しむ

### ●「ともに楽しむ」視点をもち続ける

授業に限らず、「学級経営」でこだわっていることは、教師によってさまざまだと思います。僕自身がこだわっていることは、とにかく1日中笑って過ごせること。子どもたちの予想外の反応にも、「そうきたか!」と受け止め、難しいことにも、「どうやったらできそうかなあ」とともに悩む気持ちなど、あらゆる状況を楽しみながら笑顔で学級経営をしたいと日々力を尽くしています。

1年間の中で、少しでも「みんなと一緒にいるっていいなあ」と、クラスの子どもたちに感じてほしいと願っています。

### ●些細な「芽」を肯定する

そうはいっても、トラブルは起こるものです。以前は、勢いに任せて「いけない！」と怒ることも多かったのですが、今は、じっくり話を聞くようにしています。その中で、「悪いと思っていたんだけど……」「本当はこうしたくて……」という子どもの気持ちを特に大事にすることを心がけています。これは、自分の気持ちを見つめ、ふり返ることができている証拠。「そう考えていたんだね」などと、肯定できる部分があることを伝えていくことで、子どもたちも安心して話ができるようになります。

## ●「先生は」という言葉を使わない

もう一つのこだわりとして、教師という立場ではあっても、クラスのメンバーの一人であることを大切にしています。例えば、何かを伝える時も、「先生は……」という言い方はしません。「僕はこう思うよ」と、クラスの一員としての意見を「I（アイ）メッセージ」で伝えるようにしています。もちろん「先生」という立場も忘れてはなりませんが、僕自身もクラスの一員として対等な立場で接したいと思います。子どもたちとともにいることを忘れないようにするためにも、「Iメッセージ」を心がけています。

# 9

# 「学級通信」と「一筆箋」で保護者とつながる

## ●保護者とつながり、よりよい学級経営へ

当たり前のことではありますが、子どもたちの背後には多くの家庭、そして、保護者の方々がいらっしゃいます。日頃はなかなか接点をもちにくいとはいえ、保護者の方としっかりと関係を結び、同じ方向を向いて進んでいくのも大事なこと。

そのためにも、僕自身は、「学級通信」と「一筆箋」を用いて、保護者の方々とつながるための取り組みを行っています。普段なかなか顔を合わせることがないからこそ、情報発信することで信頼関係を築いていています。いざトラブルなどが起こっても、話をしやすい関係ができているため、スムーズに話が進むようになります。保護者とつながることは、よりよい学級経営につながります。

## 学級通信は「承認の場」にも

「子どもが学校の様子をなかなか話してくれなくて……」という保護者の方からの声を毎年のように耳にします。そこで、学級通信を発行し、クラスの様子や子どもたちのがんばりを伝えるようにしています。そうすると、直接お目にかかった時や電話などで、「あっ、学級通信にもありましたね……」ということを口にしてくださり、そこから会話がはずみやすくなります。

また、子どもたちにとっては学級通信という「メディア」の中で自分が紹介されるのは嬉しいもの。普段、意外と見えていなかったお互いの活躍を承認し合う場にもなっています。

## 「気軽に、1分で読める」を目指して

先生によっては、学級通信を発行するというだけで、負担が増えるように感じられるかもしれません。僕自身は、「1分で読める通信」をコンセプトに発行していますので、あまり負担感はありません。具体的には、紙面の半分～3分の2程度は子ども

たちの写真やイラストです。文字を読むことが苦手な保護者、あまり時間をとれない保護者でも、気軽に読めるようにしています。

また、現在は、これまで試行錯誤した結果、「手書き＋写真の切り貼り」を使って学級通信を作成しています。製作時間は20分程度。この方法だと、教室で子どもたちと一緒に「写真を貼ろう！」と言って作成することもできるのです。

## ●「一筆箋」で保護者を巻き込んでほめる

もう一つ大事にしていることが、「一筆箋」の活用です。子どもたちの活躍を「一筆箋」に書いて連絡帳に貼り、保護者の方に伝えるようにしています。日常的に使う連絡帳ではなく、あえて「一筆箋」を使うことでより特別感が出るようにしています。

「今日の算数、がんばっていたね」「掃除の仕方が上手になっていたね」などと声をかけるのはもちろん大事なことですが、手紙でほめてもらうことは格別に嬉しいものです。声で発する言葉と違って、手書きの文章として残るので、繰り返し読むことができます。

## 2〜3か月に1枚のペースで焦らずに

この一筆箋も、毎日書こうとするとかなり負担になります。主に給食の待ち時間や食べた後を使って書いていますが、難しいこともあります。「週に1枚程度、2〜3か月でクラス全員分を書く」つもりで取り組むといいでしょう。

子どもたちの様子を意識して観察するため、通知表の所見作成のネタ探しにもつながります。週に1回、5分程度の時間で保護者と子どもとつながれるツールです。僕は、毎年大活用しています。

愛用の一筆箋

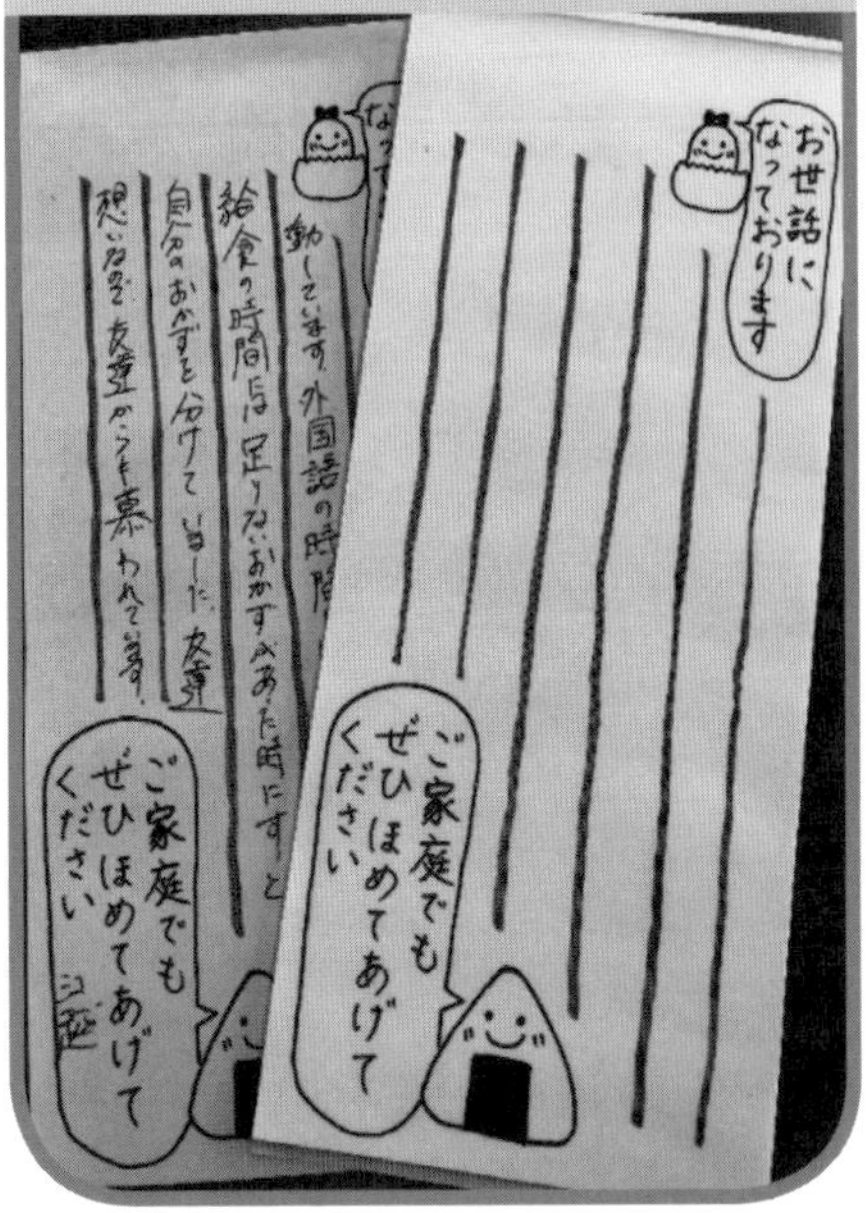

# 10

# 「GIVE」と「相談」で同僚との関係づくり

## ● よりよい組織であるために

学校は、子どもたちと教職員で構成された一つの組織です。中でも、教師はこの組織運営に大きな役割を果たしています。組織が円滑に運営されるためには、「共通目的」「貢献意欲」「意思疎通」の三要件が必要だと言われています。

学校教育目標が共通の目的となるとして、日頃から意識しておくべきは「貢献意欲」と「意思疎通」。この二つを心がけていくことで、教職員間のよい関係が築かれ、働きやすい環境になっていきます。

## ● 「自分にできること」で同僚を助ける

「貢献意欲」と言われても、難しく考えてしまう先生もいるかもしれません。ですが、無理なく、自分にできることを、できる範囲で行えば十分です。

例えば、「プリント作成時に学年全員分印刷する」「隣のクラスや廊下の戸締りを確認する」「乱雑に置かれた印刷室の文房具を整理する」など、身近なことで簡単に取り組めることはたくさんあります。小さなことを日頃から意識しておくだけで、「働きやすい環境」が生まれ、お互いに助け合おうという雰囲気が生まれてきます。

## 関係者には早めの相談を

校務分掌や行事によっては、他の学年や学校全体に影響が出てくることがあります。こうしたことは、職員会議などで提案する2週間ぐらい前までに、関係のある主任や学年に「こう考えているんですけれど、いかがですか？」などと相談しておくようにしましょう。少し手間と時間はかかりますが、組織として動いていくには必要な「意思疎通」です（「根回し」ということもあります）。主要な関係者の合意が取れていると、後の動きもスムーズです。日常の雑談なども大切ですが、「組織としての動き」を見据えたコミュニケーションも心がけるようにしましょう。

## ●「休みをとる」ためのちょっとした心配り

教師も、さまざまな事情で平日に年休をとらなければいけない場合があります。この時、「三つの段階」で同僚や管理職に相談していくことをおすすめします。

一つ目は、「いつ休みをとるか」という段階。学級担任は、基本、丸一日授業を担うため、できるだけ空白をつくらないようにしています。ですので、休みをとる時は、専科の先生が代わりに授業をもってくださるような日であることが、子どもたち、そして、補欠を計画してくださる先生方にも負担は少なくなります（どうしても緊急な事態ではそうも言っていられませんが……）。

合わせて、同学年の先生に相談し、合同授業などで対応できるものがあるかも確認しておきましょう。難しい場合は、自習課題を用意して、管理職に休みをとりたい旨を申告します。補欠計画などを作成し、教務主任、あるいは管理職の先生に調整してもらえれば大丈夫です。

二つ目は、「休みをとる直前」の段階。丸一日休みをとる場合は、前日の帰る直前に、半日（午後だけ）などであれば当日の帰る直前に管理職に一言、休みをとって帰る旨を伝えます。可能であれば、補欠に入ってくださる先生にも、一言「よろしくお願いします」と声をかけておくといいでしょう。

三つ目は、「休みをとった翌日」の段階。朝、出勤したら、素早く管理職の先生をはじめ、補欠を計画してくださった先生方に、フォローしてくださったことへのお礼を伝えましょう。そして、子どもたちがどんな様子であったかを聞き、必要があればその対応を考えます。

平日休みをとること自体は問題ありませんが、その分、他の先生方が自分の業務を負担してくださっているのも事実。「お互い様」だからこそ、ちょっとした一言によってよい関係を築くことができます。

日頃から「早めの報連相」を心がけることで、子どもたちにも、一緒に働く先生方にも、そして自分自身にも、負担が軽減されていきます。

# 「臨時休業」で見えてきた働き方と学校のあり方

Column 3

2020年3月から5月は、これまで誰も経験したことのない出来事が起こりました。感染症対策による学校の臨時休業。突然の発表に現場は混乱。あの日を境に、一気に学校生活は変わりました。現在は感染症対策を徹底しながら再開されていますが、いつまた休校になるかもしれない、と思いながら日々を送っています。

と同時に、この臨時休業によって、これまでの「当たり前」を大きく見直す契機ともなりました。さまざまな行事や各種活動、授業のあり方や学校の存在意義など、今までの「当たり前」に対して、「なぜ、存在しているのか？」を問い直すことになったのです。臨時休業の最中は、僕の勤務する自治体では職員の分散勤務（1日おきに在宅勤務と学校勤務を行う）という措置がとられました。年度始めということもあり、子どもに関する業務がほとんどできないまま。その分、普段できないことについてより時間をかけて考えることもできました。

そもそも、「学校」は何のためにあるのか。オンラインでの学習が一気に普及していった様子を見て、「学校でなければ学べないことは何か？」ということを常に考えていました。さまざまな人の話を聞き、考えた末に出した答えは、「学校は子どもたちにとって、心のより所となる居場所である」ということでした。臨時休業が明けてからは、接触できない中で、どのように「心の距離」を縮め、「つながり」をつくり、「居場所」をつくるか、ということに注力して取り組みました。感染が落ち着いてきたころにはグループ活動を取り入れたり、『学び合い』形式の学習を取り入れたりしながら、「学校に来なければできない学習」を探っていきました。感染症の広がりにより、「できること」「できないこと」は日々変わっていきます。ですが、「居場所づくり」のためにできることを取り組んでいます。

また、臨時休業でこれまで当たり前だった教師の「働き方」も見つめ直すことができました。勤務時間開始頃に出勤し、退勤時間になるとすぐに帰宅する、という日々が続いたのは、教職生活の中ではじめてでした。どこにも出かけることができず、自宅で過ごすばかりでしたが、勤務時間通りに働けることが、心身のゆとりをもたらすことを、身をもって感じたのです。再開後はそんな日はめったにありませんでしたが、僕自身の中では、以前より平日に年休をとることにためらいがなくなりました。子どもたちを大事にしたいからこそ、自分の都合や時間を大事にしてもいいのではないか。そのことを以前にも増して実感しています。もちろん、理想は毎日定時退勤ではありますが、自分の心身を大事にできる働き方ができた、ということも貴重な経験でした。

どんどん変化する社会の中、学校のあり方も教師の働き方も変わってくるでしょう。学校の存在意義、教師の専門性、そして働き方。誰もが幸せになれる方向へと変わっていくことをいつも願っています。

Conclusions

# 「先生」という仕事でよりよい社会へ

# 1

# 子どもたちと未来をつくる

## ●子どもに「伝わる」メッセージを

子どもたちの成長を支援する立場としての教師は、「未来を育てている」と言っても過言ではありません。学校で学び育っている子どもたちがいるからこそ、この国が成り立ち、社会が形成されています。

子どもたちの人生に大きな影響をあたえる学校において、僕たち教師は、どのようなメッセージを伝えることができているでしょうか。日々、子どもたちに接する一番身近な大人として、影響力は無視できません。

## ●誰もが生きやすい社会を目指して

新型コロナウイルスの大流行は、社会の仕組みを一変させました。これまで当たり前にできていたことが、当たり前ではなくなりました。同時に、これまでの「当たり前」を見直し、新しい「当たり前」がつくられていくクリエイティブな出来事も起こりました。

多くの会社では、「リモートワーク」が当然のように導入され、さまざまな教育機関では、「オンライン授業」が行われるようになりました。弊害も指摘されていますが、「リモートワーク」の導入により、「通勤時のストレスがなくなって効率が上がった」「遠くに住んでいても仕事ができるので、心身の負担がなくなった」などという恩恵を挙げる声も散見されました。これまでの「当たり前」を見直すことで、よりよい社会、さらに言えば、より「生きやすい社会」が動き出したのです。

学校現場を見てみると、一つの教室に同年代の子どもたちが集まり、一人の教師が授業をしていくというスタイルを残しつつ、オンライン学習やハイブリッド型学習が導入されています。長期にわたる臨時休業を経ながらも、学校が社会の形成に欠かせないために依然として変わらずに残っている部分もあるのでしょう。

学校で働く僕たち教師の姿を、子どもたちは見ています。日々、仕事量が膨大な中、まじめでがんばり屋さんが多い教師は、自分のことを犠牲にしてまで子どもたちのために力をそそいできました。子どもたちの前では笑顔をつくっているように見えても、背後に潜む違和感も、子どもたちは敏感に感じ取っています。気付かないうちに、僕たち教師は、「仕事をするということは、これだけ自分の時間を使うことだ」というメッセージを、暗に発してしまっているのかもしれません。

現在、さまざまな調査で日本人の労働時間当たりの生産性が低いことが指摘されています。その一因として、子どもの頃、身近な大人であった教師が朝早くから夜遅くまで働いている姿がどこかで影響をあたえたのかもしれない、と考えることもできるのではないでしょうか。

誰もが必死になって、苦しみながら働いている社会が、僕たちの目指す社会なのでしょうか。僕自身は、そうは思いません。誰もが楽しみながら仕事をし、価値を生み出すだけにとどまらず、家族の時間、自分自身の時間を大切にできる社会が、誰もが生きやすい社会だと考えています。

だからこそ、今、「いかに自分が心の底から楽しみ、余裕をもって子どもたちの前に立てるか」ということを大事にしています。影響力は、ごく小さなものかもしれません。それでも、僕は、自分の目の前にいる子どもたちが、将来、楽しい人生を送るための一助になると信じて、「自分を大事にしながら、子どもたちと未来をつくる」という意識で教壇に立っています。

## 教師こそ自分の人生を楽しもう

そうした想いから、「先生こそ、もっと自分の人生を楽しんでほしい」と思っています。「シャンパンタワーの法則」でも紹介したように、まずは、自分自身のグラスを満たすところから始めてほしいのです。自分のグラスを満たすことなく、他の人のグラスを満たしていては、どこか後味が悪くなります。

自分の人生を楽しみ、心からの笑顔で子どもたちの前に立つ。このことに勝る教育効果はありません。

2

# 自分を「貴重品のように」扱ってみよう

## ●自分を「厳しく」扱うことに慣れすぎている教師

「がんばる」ことに慣れ親しんでいる僕たち教師は、いつも自分自身に「厳しく」することをよしとされてきました。「自分に厳しく、人に優しく」という言葉があるように、自分のことは我慢してでも他人に尽くすことが善とされる価値観もあります。まじめで謙虚な人が多い教師は、特に「自分に厳しく」している人が多いのではないでしょうか。

## ●自分を「貴重品のように」扱ってみる

しかし、「自分」というものは、世界にたった一人だけしかいない貴重な存在です。どんなものにも代えられないものです。

あなたがたった一つしかない貴重な品物を持っているとしたら、どんな扱いをするでしょうか。大事に箱に入れてしまったり、ちょっと特別な場所に置いたりと、より優しく、丁寧に扱うことでしょう。自分自身に対しても同じです。世界でたった一人だけの大切なあなた。他の誰でもない自分自身を優しく扱うことを、ぜひ思い出してください。

## ●自分の一番の味方は自分自身

「貴重品のように扱う」ことができない背後には、これまでの思い込みや欠乏感があります。「そうは言っても厳しくしないと、成長できない」という想いが出てくる時こそ、自分自身に対して優しく接してみましょう。気が付くと、どこかで無理をしていたのかもしれません。自分を大切にできるのもまた、自分です。

自分の一番の味方は自分自身。丁寧に優しくすることから始めてみましょう。

# 3

# 教師の仕事を最大限楽しもう

## ●教師という仕事の一番の楽しみは？

自分自身に優しくしていると、心の余裕が少しずつ生まれてきます。そうすると、今まで見えなかった仕事の楽しさが見えてきます。

「子どもたちの成長を共に味わえる」「たくさんの感動がもらえる」など、教師としての醍醐味が語られることは多くあります。それももちろんありますが、僕にとって教師という仕事の魅力は、「裁量の大きさ」にあると感じています。

## ●自分の想いや考えをダイレクトに

小学校で学級担任をしていると、自分自身が「こんな子どもたちに育てたい」「こんな授業をしたい」「こういう企画をしてみたい」ということを、すぐにクラスの中で実践していくことができます。もちろん、学年の先生方や管理職の了承を得ることが必要な時もありますが、子どもたちの様子に合わせて考えたことは即実行できるのです。うまくいったかどうかの反応もすぐに返ってきます。さらには、反応に合わせた次の一手を考えることもすぐにできます。このサイクルの速さは、これまでの仕事ではなかなか経験できないことでした。

## 「しかけ」をつくる面白さ

もう一つ、特に僕自身が面白さを感じているのが、「しかけ」を考えることです。

例えば、授業では、いかに「子どもたちが自分の力で学習内容を理解し、友だちと協力して学びを深めていけるか」という「しかけ」を考えることに注力しています。さまざまな実践を参考にしながら、「学びのプロセス」をデザインする。子どもたちが「自立した学び手・社会の担い手」となるような「しかけ」を考え、クラスみんなで相談しながら実行する。共同創造していく楽しさに、大きな魅力を感じています。

教師の存在がなくても自分たちでどんどん学べる子どもたち。「学ぶ力」を伸ばすための探究は、僕自身にとっても非常にかけがえのないものです。

## ●自分なりの「楽しみ」に、全力をそそげる環境をつくる

もちろん、読者の先生方お一人お一人にとっての教師の仕事の「魅力」や「楽しみ」は違うと思います。子どもと一緒に楽しい話をしている時が一番楽しい、個別指導で「わかった!」という瞬間に出会えるのが楽しい……など、ご自身が感じていることに全力をそそげるよう、時間の使い方や、普段の生活の仕方を見つめ直してみることをおすすめします。

僕自身は、とにかくじっくり「しかけ」を考えられる時間と心のゆとりをもつために、これまで紹介してきたような方法を実践しています。自分にとって一番エネルギーをそそぎたいことに全力を尽くす。いつも「楽しい!」ことにエネルギーを注入できれば、そうした教師の姿は自然と子どもたちにも伝染し、より「楽しい」サイクルが生まれていくことでしょう。

## 子どもたちが自分で学習を進められるようなしかけの例

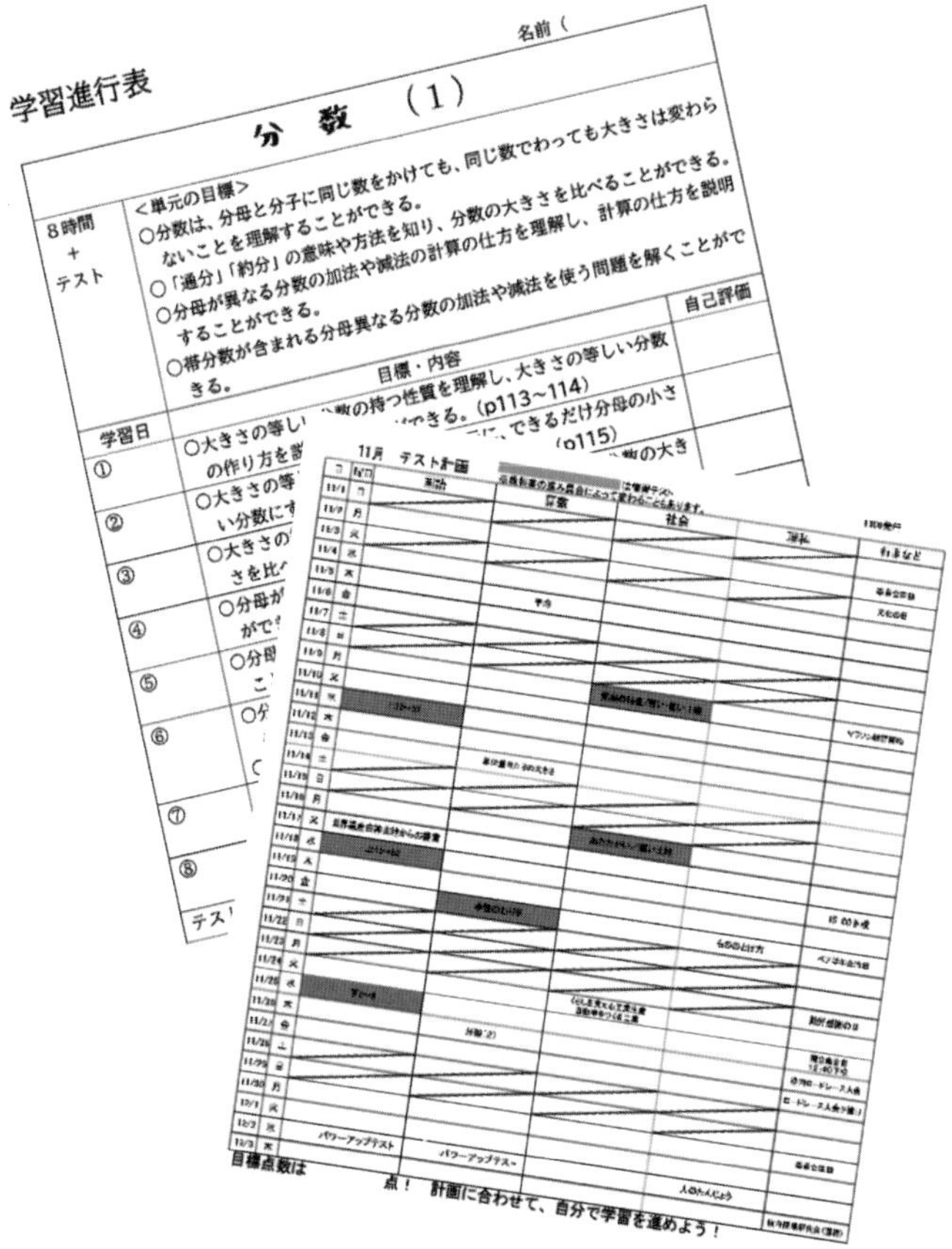
名前（
学習進行表
分数　（1）
8時間
＋
テスト
＜単元の目標＞
○分数は、分母と分子に同じ数をかけても、同じ数でわっても大きさは変わらないことを理解することができる。
○「通分」「約分」の意味や方法を知り、分数の大きさを比べることができる。
○分母が異なる分数の加法や減法の計算の仕方を理解し、計算の仕方を説明することができる。
○帯分数が含まれる分母異なる分数の加法や減法を使う問題を解くことができる。
学習日
目標・内容
自己評価
①
②
③
④
⑤
⑥
⑦
⑧
テス
○大きさの等しい分数の持つ性質を理解し、大きさの等しい分数の作り方を説明できる。（p113~114）
(p115)
11月　テスト計画
国語
算数
社会
理科
行事など
パワーアップテスト
目標点数は　　点！　計画に合わせて、自分で学習を進めよう！

子どもたちと学習の見通しを共有することで、
学習に取り組みやすくしています。

# 4

# 「先生の笑顔」が子どもたちの笑顔に

## ●笑顔あふれる教室を目指して

本書の中で触れてきたように、今、全国で多くの先生方が心身の不調によって休職あるいは退職することを余儀なくされています。責任感が強いこうした先生方は、きっとギリギリのところまでがんばり続けていらっしゃったのでしょう。不本意にも休職・退職されたこととは思いますが、残された子どもたちは、どんな表情をしているのでしょう。

教室の中における教師の影響力は小さくありません。子どもたちが毎日笑顔で過ごせるような教室であることを、心から願うばかりです。

## ●「先生」である前に一人の人間として

教師の過酷な労働環境がさまざまなメディアで取り上げられて久しくなりました。同時に、「先生たちが無理せず、元気で過ごしてほしい」という声もたくさん聞こえてくるようになりました。教師の影響力を、学校の外にいる方たちも気にしてくださっています。

子どもたちの前では「先生」として全力を尽くせるようにするためにも、自分の時間の中では「一人の人間」として自分自身を大切にしていきましょう。

## 自分が笑顔でいるためにできることを

僕たち教師が、毎日、心からの笑顔で子どもたちの前に立てることが、最高の教育効果だと言っても過言ではありません。笑顔で子どもたちの前に立つことで、子どもたちも笑顔になります。そして、子どもたちの笑顔を見て、また教師も笑顔になる。こうして次々にプラスの循環が生まれていくのです。

子どもたちの笑顔のために、まずは教師自身が笑顔になる。そのためにできることを積み重ねていきましょう。世界でたった一人の大切な大切な自分自身を、優しく扱い、そして、大事にすることが、子どもたちの笑顔につながっていきます。

# 自分の好きを追求する

みなさんは、仕事以外の何かで自己実現させていくことを考えたことがありますか？　仕事が重要なことの一つであることは承知の上ですが、私は人生は仕事だけではなく、それ以外の何かで自己実現させていくことも重要なことの一つだと考えています。こんなことを言うのも、私が元々は残業ばかりで疲弊・消耗していた時代があること、そして今は、仕事以外にも自分自身が情熱をそそげるものがあるということが大きな理由です。GIGAスクール構想など、これから学校が変化していくことを考えると、教師が子どもたちにとって家族以外の一番身近な一人の大人として、ワクワクしながら人生を楽しんでいるモデルになっていったほうがいいし、そこで私は「自分の好きを追求しながら人生を楽しむこと」の重要性を感じています。

「自分の好きなこと」、私にとってはそれが「筋トレ」です。元々は競技のために始めたのですが、今はそれが自分を満たす楽しみであり、人生を変えてくれる自己実現の手段にもなっています。この仕事を始めてから10年を越え、苦しいこともありました。しかし、筋トレという楽しみが常に傍らにあったことで乗り越えることができたとも思っていますし、好きなことを続けられること、また続けることでの自分の成長を感じることによって、精神的な面で満たされるだけではなくて自信もつきました。そのせいか、仕事で困難なことやさまざまなトラブルがあっても笑顔で過ごせる日が増えてきたことを強く感じています。また、何かに挑戦しようという意欲も湧いてきて、2019年10月に「365日連続筋トレ」という目標を立てました。継続の負荷は高いながらもSNSで多くの人に応援してもらい、達成することができました。筋トレの継続で体つきは見違えるように変わったと思いますし、その過程では変わっていく姿に自信もつき、ワクワクもしました。つまり、心身ともにエネルギーに満ちた状態だったと言えます。これが仕事においてもプラスを生み出したことは言うまでもありません。

さらに今では筋トレの楽しさを伝えたくて、オンライン筋トレのコミュニティや企画運営をするなど新たな挑戦もしています。おかげでたくさんの人とつながることもできました。そのつながりによって仕事のほうも多少の困難はあるものの、視野が広がり、より充実しているように思います。

自分の好きを追求することでいいサイクルが回る。今後も好きを追求しながら、さまざまな挑戦をしていきます。あなたは好きなことがありますか？　その好きが、あなたをきっと変えてくれる。今、私はそう胸を張って言えます。

公立小学校教師　**林田 仁志**

公立小学校で体育主任10年目。負担を減らした体育行事の提案・運営をしたり、また、教員の健康づくりに向けたオンライン筋トレを企画したりしている。

# おわりに ―― 先生たちの笑顔が一番必要なもの

子どもたちの前に立つ先生たちが、笑顔になれるお手伝いはできないか。そんな想いで執筆した前著『学級アイスブレイク』を出版させてもらってから五年が経ちました。多くの先生方に活用いただき、たくさんの反響をいただきました。僕の経験が多くの人の役に立っていることを、本当にうれしく思います。

この五年の間に、子どもたちを、そして、教師を取り巻く環境は大きく変化しました。「教師の働き方」が大々的にメディアで取り上げられるようになり、「働き方改革」の風が巻き起こりました。そして、新型コロナウイルス感染拡大防止対策としての臨時休業。誰もが経験したことのない日常を送ることになり、さらなる緊張感の中での学校生活を過ごすこととなりました。

臨時休業が明け、学校が再開した時、子どもたちは口々に、「学校が楽しい！」と目を輝かせていました。それは､子どもたちの周りに､たくさんの先生方の笑顔があったからです。教師が笑顔でいることが、子どもたちにとっての最高の教育環境なのだと、実感せずにはいられませんでした。

書店の教育書コーナーを見ていると、「指導技術」に関する本があふれています。毎年何冊も新しい指導技術や実践が紹介されています。僕自身もたくさんの先生方の著書に触れ、その実践を活用し、自分なりのスキルアップを図ってきました。ですが、指導技術が生きる大前提として、まずは教師と子どもの信頼関係、それ以前に、「教師の笑顔」が土台として必要ではないか、と常に感じていました。

本書の中で述べてきたように、僕は強い人間ではありません。会社員時代、仕事のプレッシャーで体調を崩し、退職を余儀なくされました。そして、長い治療を経て、今は自分の心身を気遣いながら楽しく働くことができています。この経験があったからこそ、「自分のグラスを満たす」ことの大切さが身に染みています。学校や子どもたちのグラスにそそぐ前に、この世界に一人しかいない、大切な自分自身を、自分が一番大事にしてあげよう。そんなことを強く心に抱きながら、ここまで教壇に立ってきました。
　僕は正直、授業づくりが特段秀でているわけではありません。以前、僕の授業を参観してくれた知人は、「普通の授業をしているね」と言ってくれました。僕には、名だたる先生方のように、子どもたちの可能性を大きく引き伸ばす指導技術はありません。まだまだ勉強中です。だからこそ、せめて、子どもたちの前に立つ「人生のちょっと先輩」として、「大人になるって楽しいんだぞ！」ということを、自分の姿や授業で伝えていきたいのです。子どもたちが少しでも、将来に希望をもてるように。

　今、この本を手に取ってくださっている先生の中には、もう限界近くまでがんばっておられる方もいらっしゃると思います。子どもたちのために、学校のために、という想いには、本当に頭が下がるばかりです。素晴らしい先生方に出会える子どもたちは幸せです。だからこそ、もう、がんばりすぎなくていいのです。あなたはもう、十分にがんばっています。毎日必死にがんばっている自分を、優しく抱きしめてください。子どもたちはかけがえのない存在ですが、あなた自身も、大切な大切な存在なのです。

この本を構想する直前、僕自身の生活に大きな変化がありました。元気に過ごしていた祖父が急逝し、帰らぬ人となりました。同じ年に、僕も含めて兄弟三人がみな結婚し、新しい家族をもつことになりました。家族にとって、僕自身も、そして、あなた自身も大切な大切な存在です。どうか、自分自身をもっと大事にしてあげてくださ い。世界でたった一人の、かけがえのない存在。僕自身が、そして、あなた自身が毎日楽しく過ごすことが、平和な世界につながっていくように思います。

この本を執筆するにあたって、たくさんの方々にお世話になりました。構想の段階から相談にのり、背中を押してくれた「教育アップデート研究所」の方々。「いっしょにアーティスト・ウェイ！」で僕のチャレンジを見守ってくれたアーティスト仲間たち。企画段階から僕のわがままを聞いてくださり、さまざまな視点をあたえてくださった学陽書房の皆さん。もう十年以上も前、「自分自身を探求する」ことの難しさ、奥深さを教えてもらい、さまざまな人たちと出会う中で学んだこと、実践してきたことを、今、ようやく少しだけお返しできたように思います。

そして、どんな時にも僕のことを大切にし、温かく、時に厳しく支えてくれた家族。新しく家庭をもった今、これまで自分が受け取ってきた愛の大きさに、感謝の念があふれるばかりです。本当に、本当に、ありがとう。

まだまだ、先の見えない情勢は続いていきます。そして、学校に求められることも、どんどん複雑に、高度になっていくでしょう。そんな中でも、どうかかけがえのないご自身を大切に過ごしてください。僕もまだまだ勉強中の身。同じ教壇に立つ仲間として、多くの先生方が笑顔で毎日を過ごされることを願います。

令和三年三月　自宅にて

**江越喜代竹**

# 主要参考文献一覧


ジュリア・キャメロン著、菅靖彦訳
**『ずっとやりたかったことを、やりなさい』** サンマーク出版、2001年

ジュリア・キャメロン著、菅靖彦訳
**『ずっとやりたかったことを、やりなさい 2』** サンマーク出版、2013年

本郷綜海著
**『目覚めよ、愛に生きるために』** 廣済堂出版、2019年

ロバート・キーガン、リサ・ラスコウ・レイヒー著、池村千秋訳
**『なぜ人と組織は変われないのか――ハーバード流自己変革の理論と実践』**
英治出版、2013年

みっちゃん先生著
**『斎藤一人 楽しい奇跡がたくさん起きる「自分ほめ」の魔法』** PHP研究所、2013年

坂本良晶著
**『さる先生の「全部やろうはバカやろう」』** 学陽書房、2019年

江澤隆輔著
**『教師の働き方を変える時短――5つの原則+40のアイディア』** 東洋館出版、2019年

岩瀬直樹著
**『クラスづくりの極意――ぼくら、先生なしでも大丈夫だよ』**
農山漁村文化協会、2011年

高橋尚幸著
**『流動型『学び合い』の授業づくり――時間割まで子どもが決める!』** 小学館、2020年

坂内智之・高橋尚幸・古田直之著
**『学びのカリキュラム・マネジメント――子どもの書く力が飛躍的に伸びる!』**
学事出版、2016年

坂口恭平
**『お金の学校』** 晶文社、2021年

著者紹介

## 江越喜代竹（えごし きよたけ）

千葉県公立小学校教諭。1985年、佐賀県生まれ。広島大学教育学部第二類社会系コース卒業、筑波大学大学院人間総合科学研究科体育学専攻修了。一度は民間企業へ就職するが、激務の中で体調を崩し退職。その経験から「自分を大切にする」ことを探求し始める。心理学・カウンセリング手法、アートセラピー技法などを書籍やセミナーで学び、10年以上実践。子どもたちが「『大人になることが楽しみ！』と思えるモデルになる」をテーマに掲げ、「『生きるを楽しむ』小学校教師×ギタリスト」として情報発信中。本書で紹介している「モーニング・ページ」は3年以上継続中。著書に『たった5分でクラスがひとつに！　学級アイスブレイク』（学陽書房）。雑誌連載やセミナーや講演活動なども行っている。コミュニティづくり×教育×場づくりが最近の関心ごと。

最新情報は noteから

---

仕事の「しんどい」がスーッとほぐれる！
# 先生のためのがんばりすぎない技術

---

2021年4月28日　初版発行

著　　者　江《え》越《ごし》喜《き》代《よ》竹《たけ》

ブックデザイン　スタジオダンク
DTP制作　越海編集デザイン
イラスト　坂木浩子
発 行 者　佐久間重嘉
発 行 所　株式会社 学陽書房
東京都千代田区飯田橋1-9-3　〒102-0072
営業部　TEL03-3261-1111　FAX03-5211-3300
編集部　TEL03-3261-1112　FAX03-5211-3301
http://www.gakuyo.co.jp/
印　　刷　加藤文明社
製　　本　東京美術紙工


ISBN978-4-313-65430-3　C0037

乱丁・落丁本は、送料小社負担にてお取り替えいたします。
定価はカバーに表示してあります。